HYGGE《ヒュッゲ》な子どもたち

自分を大切にする北欧の小さな幸せ習慣

Nina 著

GB

幸せ──それは自分を大切にすれば見つかるもの

「ねぇ、そのままでいいよ。
いいところも悪いところも
全部ぜんぶ大好きだから、
そのままでいいよ。」

これは、仕事でスウェーデンとフィンランドに住んでいた10年前に、北欧の人たちが語りかけてくれた言葉です。この言葉で、考え方や価値観はもちろん、私自身が丸ごと変わったと言っても、まったく過言ではありません。

実は北欧に住む前の私は、**ずっと何かと、誰かと競争して自分と誰かを比べていました。**

「誰かに勝たなきゃいけない、何かに負けちゃいけない」って。

そして何かがちょっとできないと、自分自身を責めていました。

「私、ここがダメだから、こうしなきゃいけない」って。

無意識に誰かのことを気にして自分を演じていることにすら気がつかず、本当の自分を消して生きることは、両親の顔色ばかり見て育った幼少期の家庭環境のせいだって、どこかでそう思っていました。親に甘えるということがどういうことなのかわからずに育った私にとって、ひとりで〝頑張って〟生きていくことは私にとっての日常だったんです。けれども、大人からも子どもからも、北欧でいろいろな人に語りかけられました。

「ねぇ、ニーナはひとりしかいないのに、どうして誰かと比べるの？」
「自分に負けたくない？　そんなの自分がかわいそうだよ」
「Only One ってすごいことなんだよ。違うって素敵だよ」
「ニーナが幸せじゃなきゃ、全部、ぜんぶ崩れちゃうよ」

びっくりしました。最初はもちろん、全部ハテナでした。

「何を言ってるんだろう、この人たち…」って。

だけど、彼らが何を大切にしているのかわかるようになって、「ありのままの自分を受け入れられたなら、誰かと比べる必要はない」って気づけたんです。

そうすると、自然と心から幸せになれる。誰かの幸せも心から願えるようになります。

でも、これが意外と簡単じゃない。最近でこそ変わってきてはいますが、ずっとずっと私たちは「こうじゃなきゃいけない。そうしなきゃダメだ」って教えられてきているし、そう誰かに言われて生きてきているからです。

完璧な人なんて、ひとりもいません。

でも、それで、いい。いいところもダメなところも全部あっていい。

それが、北欧の考え方。みんな、誰かの評価を気にすることも、人の目を気にして臆病になることも、虚勢を張ることもありません。だって、「自分はかけがえのない存在」なんですから。

そう、北欧の人たちって、自己肯定感がとても高いんです。自分を大切に思う気持ちに満ちあふれています。だからこそ、他人を受け入れられるし、誰にでも「愛してる」って本気で言える。だからこそ、老若男女が平等なんです。外国の人や文化もフラットに受け入れてくれます。

今でも出張でよく北欧を訪れて長期滞在をしている私はもちろん、自閉症スペクトラムの娘も、彼らの考え方に何度も救われ、ポジティブに幸せを感じられるきっかけを作ってもらったと思います。実は北欧は、自閉症の教育もかなり進んでいます。

もちろん、大人と子どもだって平等です。

子どもたちは「自分」と同じくらいかけがえのない存在。たとえ自分の子どもでなくても、「みんなの子ども」という考え方だから、街

のいたるところにキッズスペースがあり、道行く誰もが子どもの成長に目を細めます。

北欧へ移り住んだ当初、「みんなの自己肯定感が高いのは、子どものころからこういう環境で育ってるからなんだろうな…」なんて私は思っていたのですが、もちろんそれだけではありませんでした。

北欧の人たちは自分を大切にして、幸せに生きるための方法をたくさん、たくさん知っていました。

誰かのことをもっと知ること。

誰かと一緒に笑って楽しい時間を過ごすこと。

誕生日に寄付をすること。

大好きで得意な仕事をすること。

夢を持つこと。

天気がいい日に外でランチを食べて自然の大切さを学ぶこと。

耳が聞こえない人の気持ちがわかるのは、そういう人がいるからだって考えること。

散歩に出かけて波の音に耳を傾けて鳥の声を聞いて、そして木々の匂いを感じること。

私たちは、自然からたくさん、食べ物をもらっていると思うこと。

週末にはピカピカになるまでありとあらゆる場所を掃除すること etc.――。


こういった日常の何気ない幸せに感謝し、それを誰かとシェアすること。これが、北欧の幸せ習慣なんです。

頭の中が「?」でいっぱいになっている方もいらっしゃるかもしれません。

「何を言ってるんだろう、この人…」って。

けれど、大丈夫。私も、そうでした。

私と娘が変わるきっかけとなった出来事、そして実践している幸せ習慣を、これからたくさん紹介していきます。


この本のタイトルにもなっている**「HYGGE《ヒュッゲ》」とは、デンマーク語で「ホッとくつろげる心地よい時間や幸福感」のこと。**心穏やかに幸せを感じている状態、と言ってもよいでしょう。たとえば「大好きな人と一緒にゆったりとした時間を過ごすこと」や「家の中を整えて、心地よくくつろげる空間にすること」、「子どもの成長を大切な誰かと分かち合うこと」がHYGGEです。

そう考えると、幸せ習慣の例もHYGGEな時間だということがわかっていただけると思います。

「ねぇ、そのままでいいよ。

いいところも悪いところも全部ぜんぶ大好きだから、そのままでいいよ」

10年前に私が北欧の人たちに語りかけてもらったように、今度は私が少しでも多くの人たちにそう伝えたくて、この本を書きました。たとえほんの少しだとしても、誰かにそれが届くのなら嬉しいなって、そう、思っています。

Nina

contents

HYGGEな子どもたち

自分を大切にする
北欧の小さな幸せ習慣

contents

本当の自分に耳を傾ける

「ダメ」なんてない

chapter 02

contents

毎日の小さな幸せ習慣

chapter 03

chapter

01

本当の自分に耳を傾ける

北欧の人たちの自己肯定感が高い秘密は、
自分、他人、そしてモノとの
付き合い方にありました。

北欧の小さな幸せ習慣

1

「誰かに言われたから、そうする」のをやめる

公園？　うん、楽しいよ。
だってね、いっぱい面白いことができるの。
それって、たくさん考えられるってことでしょ？

ぼくたち、ちゃんと考えられる大人になりたいんだ。

北欧の子どもたちは、**何をするにも「自分が幸せなのかどうなのか」で決めます。**

お母さんやお父さん、その他の誰かに喜んでもらう人生が「自分の人生」とイコールではないんです。

もちろん、誰かに喜んでもらうのは嬉しいし、喜ばせたいという気持ちはあります。けれど、それは自分が我慢したり自分を犠牲にしてまですることじゃないって、そう思っているんです。そして、**その「誰か」だって、相手に我慢させて何かしてもらっても、嬉しいはずがない**って、わかってるんです。

スウェーデンの公園で娘を遊ばせていた時のこと。偶然にも、娘と同い年の6歳（当時）の子どもたちが3人で遊んでいました。そこに娘も入ってみんな楽しそうだったので何気なく聞いてみました。

「ねぇ、公園って楽しい？」

その返事が、冒頭の言葉です。

北欧の公園は、単なる遊び場ではなく、**教育現場にもなるように子どもたちの創造性を豊かにする工夫**がされています。たとえばスウェーデンの公園は全体がアートになってい

て、各公園でコンセプトがまったく違います。

おとぎ話の世界観をイメージした公園では、もちろん滑り台やブランコもありますが、木枠のドアがあったり大きな椅子があったり、大きな本があったりします。本の中は、アスレチックになっていて、まるで冒険物語の主人公の気分になれます。

それは楽しいよなぁ、と思います。でも、**ただ面白いだけじゃなくて、「自分で考えること」も含めて楽しんでいることに**驚きました。

そこへ彼らのパパやママたちもやってきて、ちょっとした世間話で盛り上がったころ、ふと私は「でも、毎日公園に行くのは大変ではないですか？」と疑問を口にしました。

「そんなことないよ。子どもたちは毎日ここで何かを考えて創造してるでしょ？

そうやって人間関係を学んでいけるし

それはやがて物事を多面的に考えられるようにもなる。

そういう瞬間をこうして見られるって本当に幸せだよ」

子どもたちは、考えて遊びたいから来ている。そして親たちは、連れて行きたいから連れて来ている。**何が幸せで、何が大切なのか**――そこにまったくブレがないのが、北欧の考え方。私も見習って、本当の自分の声に耳を傾けようと思った出来事でした。

A&B大きな本は単なるオブジェではなく、中がアスレチックになっています
C&Dパパママに見守られて、のびのびと遊ぶ子どもたち
Eアートがコンセプトなので大人も見ていて楽しいし、不思議とストレスが溜まらないんです
F冒険物語感を高めてくれる、大きな椅子

北欧の小さな
幸せ習慣

2

自分の気分に素直にしたがう

「気分が乗らなくて、
家にいたいのなら、
そうしたらいい。
ただ、それだけのことでしょ？」

職場で、やる気が出ない時。なんだか気乗りしない時——日本だと、それでも頑張らないといけない感じだったりしますが、北欧では**「気乗りしないから、散歩行ってくるね～」とか「なんだか今日はやる気がないから、もう帰るねー」**と言っても、全然大丈夫なんです。

私も最初、疲れていた時に「疲れたけど、もう少し頑張る！」と言ったら、びっくりされました。

「え!? ニーナ、疲れているんでしょ？ 休みなよ。散歩に行ったら？」

でも、実はそうやって休憩したほうが集中力を発揮できたりするものです。要するにメリハリなのでしょうが、北欧は、基本的に残業もありません。

だからなのか、みんな気張っていないんです。

ある日、私が「日本もそうだといいなー」って言ったら、こう言われました。

「日本の人たちはとても真面目なんだよね。
たぶん世界一真面目で優しい人たちなの。
それは自分たちも見習わないとって思う。
でもちょっと頑張りすぎな印象もあるかな。

**もうちょっと肩の荷を下ろしていいんじゃない？
気を遣いすぎたら疲れちゃうよ」**

確かに、「もう少しリラックスしてもいいのかもなぁ……」と思いました。子どもたちも、「何がなんでも学校に行かなきゃ！」という感じではありません。冒頭のセリフのように、親たちにとっても、それは当たり前のこと。

自分の気持ちに素直に、いつも自然体で本音を言ってくれる彼らと接していると、私まで嬉しくなってしまうから不思議です。

「頑張らない」のではなく、頑張りすぎない——それができるようになって、私も娘も毎日がだいぶラクになったのを覚えています。

A アイスランドの首都Reykjavik（レイキャヴィーク）。仕事で疲れたら、ここをいつも散歩していました
B 北欧の水の都と言われているストックホルム。オフィスを出てもこんな綺麗な景色が広がって落ち着きます

北欧の小さな幸せ習慣 3

「思い込み」を外す

ニーナ、まずは

男だから、女だから
こうしなきゃいけないという
思い込みを外すことが大切なの。

「本当の自分に耳を傾ける」――簡単なようで意外に難しいことでした。それまでそういう価値観で生きてきていないのですから、当然です。けれど、子どもたちを含めた北欧の人々と接するにつれて、彼らの「普通」が私たちの「普通」になるから不思議です。

北欧は、男女平等で同権です。２００６年から毎年、世界経済フォーラムで The Global Gender Gap Report（世界男女格差指数）というのが発表されていますが、男女の格差が一番ない国は**アイスランド。続いてノルウェー、スウェーデン、フィンランドと、上位５位のうちの４か国が北欧諸国なんです。**

そんな世界一、男女平等で同権のアイスランドでは、パパもママも**自分の子どもに「男の子だから」とか「女の子だから」という見方を一切しません。**それも影響してか、子ども服も基本ユニセックスに作られているので、**「ねぇ、アイスランドの子ども服って、あんまりガーリーテイストのカラフルなワンピースやボーイッシュなジャケットとかないよねぇ？」と聞いてみました。**

その返事が、冒頭の言葉です。そのママは、さらにこう続けました。

「ニーナは今、男の子＝パンツスタイル、
女の子＝ワンピースというふうに思ったのよね？
そしてそれがある意味、当たり前の社会に育ったんだと思う。
たぶん、ほとんどの国がそうだと思うんだ。
こうじゃなきゃ社会的にダメだって、
きっとそういう国がまだまだ多いけど、
私たちは、その前にみんな、ひとりの人間だよ？
だから洋服によって、子どもに影響を与えることをあまり望んでいない。
だって大抵の場合、洋服を選ぶのは大人だから、私たちのエゴが少なからずそこに入る。
その男女のフィルターがなければ
もっと人は自分らしくいられるでしょう？
そうしたら、それはいいエネルギーになって、
すごい力になる。
だってね、
みんな自分のやりたいことができるのよ」
人口たった33万人の国、アイスランド。この国でまた少し、幸せの秘訣を学んだ瞬間でした。

私の大好きなアイスランドの首都レイキャヴィークにあるハットルグリムス教会

北欧の小さな幸せ習慣

4

どんな些細なことでも溜め込まない

人間だから、問題は、もちろん起こるよ。だからね、それでいい。

「大切なのは、それが起こった時にきちんと解決すること。ちょっとでも疑問があったら話し合ったほうがいいと思うよ。」

もし、問題が起こったら？　北欧では問題を山積みにはしません。**どんなに小さなことでも溜め込むことはしないのです。**

日本だったら、誰かに遠慮して言えないということもあるでしょう。けれども北欧では、言わないことが誤解を招き、結果的に大事になってしまったり、意図していないことになってしまったりするので、**思っていることを言わないことはあまり推奨されていません。**

とはいえ、なるべく穏便に済ませたいもの。

というわけで、問題を解決する時は双方できちんと冷静に話し合いをします。しかも、解決するまでは何度でも、話し合いをします。「もういいよ」という状況にはしないのです。

だから、問題は起こるけれど大事にはほとんど至りません。

そして何より、北欧の人たちは「問題」をポジティブにとらえています。

「人間だから、問題はもちろん起こるよ。だからね、それでいい。大切なのは、それが起こった時にきちんと解決すること。ちょっとでも疑問があったら話し合ったほうがいいと思うよ」

確かに、問題なのは、実は問題そのものなのではないのかもしれません。大切なのは、問題とどう向き合うか。自分に正直でいられれば、問題が解決しやすいのはもちろん、問題に発展しづらいんだな、と学びました。

北欧の小さな
幸せ習慣

5

小さな嘘でもつかない

「ここではね、どんなニーナもニーナのままでいい。
だから、嘘をつく必要はないよ。

嘘をつくってことは結局、
そこにいるのは、
ニーナじゃないってことだよ。
わかる？

だから、みんな正直でいることを大切だと思ってるんだよ。」

北欧社会はオープンな社会。だから、**嘘をつくことは重罪なんです。**

特にフィンランドでは嘘をつくことは本当に重罪で、**麻薬を持っていて捕まるよりも、「麻薬を持っているでしょ？」**と聞かれて持っているのに**「持っていない」と返答したほうが重罪**なのです。

もちろん、絶対北欧では麻薬もダメですが、最初に聞いた時は驚きました。

「でも、嘘をつかずに生きていくのは難しくない？」

「嘘をつかないといけないのは、**『自分のままではダメだ』**って、**どこかで過去に言われたからじゃない？**

それで自信をなくしてしまったから、プレッシャーに負けないように、強く見せるように嘘をつかないと生きていけなくなるんじゃないかな？

でもニーナ、ここではね、**どんなニーナもニーナのままでいい。**

だから、嘘をつく必要はないよ。嘘をつくってことは結局、そこにいるのは、ニーナじゃないってことだよ。わかる？

だから、みんな正直でいることを大切だと思ってるんだよ」

嘘をつかないということは、本当の自分をオープンにし続けるということ。本当の自分にしたがうということ。そして、それでいいと受け入れること。

どんな小さな嘘でもつかないことこそ、穏やかに毎日を暮らせる近道だと思います。

北欧の小さな幸せ習慣

6

何事も全力で楽しむ

「ニーナ、何事も楽しむことが大切だよ。
そうしたら、そこから興味が出て子どもたちは自分で何かを始める。

そしてね、何に興味があるのかは人それぞれ。
でも、ひとつのことがわかるようになると他のことも知りたくなる。
それは、人だから、そうなんだよ。」

北欧諸国は、バイリンガルもしくはトリリンガル。自分の国の言葉プラス英語の最低2か国語はみんな話せます。

小学校1年生から高校卒業まで、英語の授業があって、大人になるころにはみんなバイリンガルになっています。

そんな、小学校1年生からある英語の授業——**それだけハイレベルだから、さぞかしみんな必死で勉強しているのかと思いきや、全然違いました。**

ある日の1年生の英語の授業。その時は3匹のこぶたの話でした。と、突然先生が子どもたちに言いました。

「ねぇ、みんな、実はこの悪いオオカミが学校内に隠れてるみたいなんだ。でも見つからないんだよね」

「え〜！　そうなの〜？」

「キャーッ!!」

というわけで、みんなでオオカミを捕まえに校内を探検します。

柱には先生が仕込んだオオカミの爪跡があるんですが、行方はわからずじまいで教室へ戻ってきます。次にオオカミを指名手配するための手配書を英語で一人ひとり描きます。

ここで大切なのは、スペルを正しく書くことでも単語を覚えることでもありません。

「ただ楽しんで描くこと」だけにフォーカスしています。

もちろん、後日確認のテストもありません。宿題もないし、家で誰も勉強なんてしません。でも、結果大人になってバイリンガルもしくはトリリンガル。

「どうして、これで話せるようになるんだろう…」とつぶやいた私に、先生がかけてくれたのが、冒頭の言葉です。

好きこそものの上手なれ――**北欧の人たちはネイティブでも難しいと言われている英語のテストさえも普通に満点を取ります。「すごいね」と言っても、「そうなの？　だってこれ、ただのスコアだよ」と、誰も気にしません。**

誰かと比べたら「すごい」かもしれないけれど、比べたくて勉強したわけじゃない、ただ好きで興味があったから勉強した、というわけです。

北欧では習い事も、子ども自身が「本当にやりたい！」と思った時のみ始めます。

親がやったほうがいいと思うものを子どもにさせるという考え方がないので、シンプルに**子どもが好きなものを選ぶ**だけなのです。

習い事の値段も安くて、ほとんど費用がかかりません。だから**子どもたちがやりたいことができる環境にあるんです。**

日本ではどうしても費用がかかってしまうので実践は難しいかもしれませんが、**親が「子どものやりたいこと」にできる限り寄り添ってあげるという考え方**は、幸せ習慣として活かせるのではないかと思います。

「それだけでも、子どもって、自分に自信を持てる！」——北欧の子どもたちを見ているおかげで、そのことが確信に変わりました。

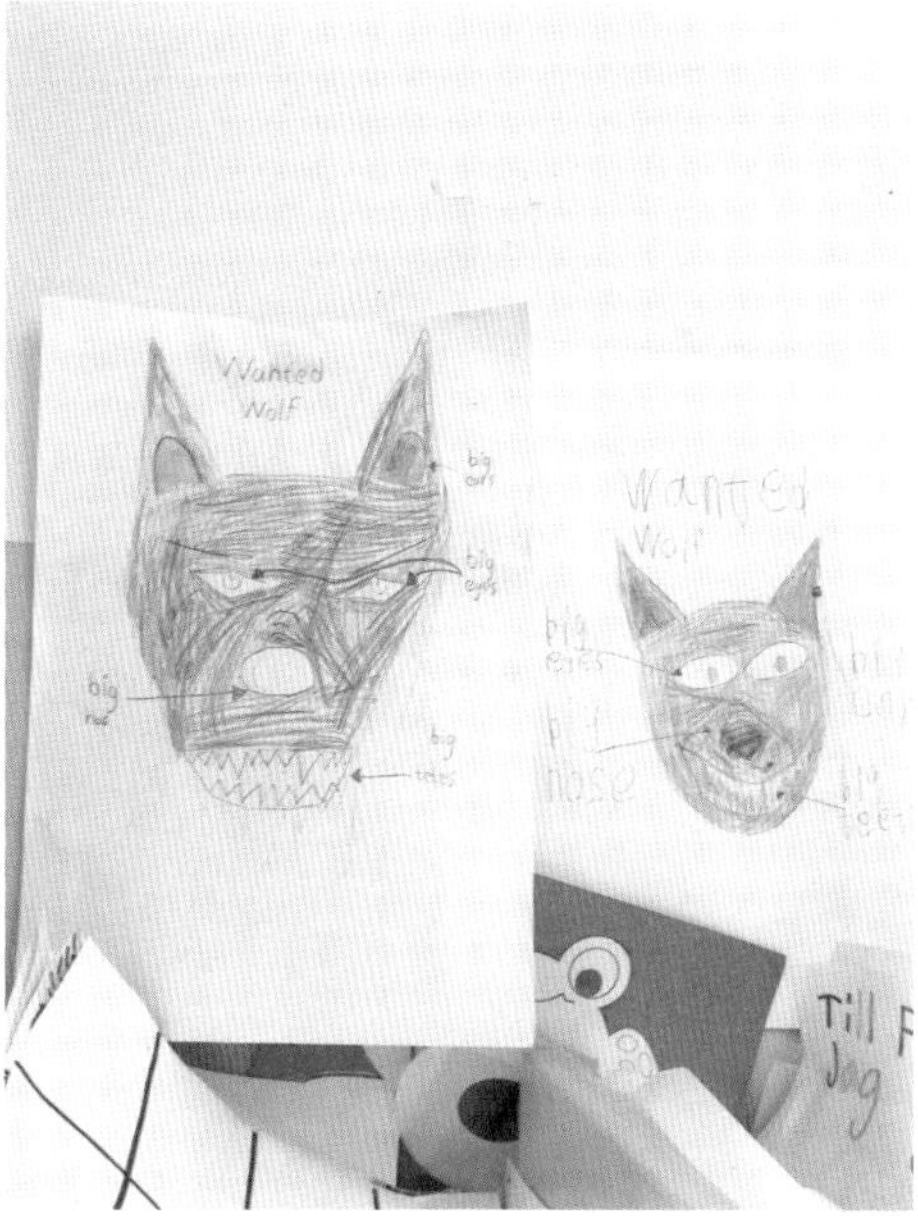

オオカミ指名手配 (wanted wolf) と書かれた紙

北欧の小さな
幸せ習慣

7

「本当の幸せは何か」を考える

いろんな人が
サナの夢は？って聞いてくれる！

夢が持てるって幸せ！

北欧の人たちは、常に「何が幸せか」を考えて暮らしています。
将来はシェフになりたいっていう8歳のSanna（サナ）ちゃんもそうでした。
彼女は、オランダから移民して来たスウェーデン人。
北欧では、どんなバックグラウンドがあっても、その国に住んでいたらその国の人。
だから、スウェーデンに住んでいる彼女はもちろん、スウェーデン人。

そんな彼女、この冬休みに親戚の住んでいる南アフリカへ、行きました。
「ねぇ、サナ、何で南アフリカに行ったの？」
「ニーナ、**私ね、みんながワクワクするような料理を作るシェフになりたいの。**
そうなるには、私は誰よりも楽しんで料理をする必要があるの。
と、いうことは、食材の気持ちを知らないといけないのはもちろん、
この地球で、何が起こってるのか、きちんと学ぶ必要があると思うんだ。
料理は大好きだから、もちろん、もっと今より上手になりたいけど、
それよりも大切なことは、

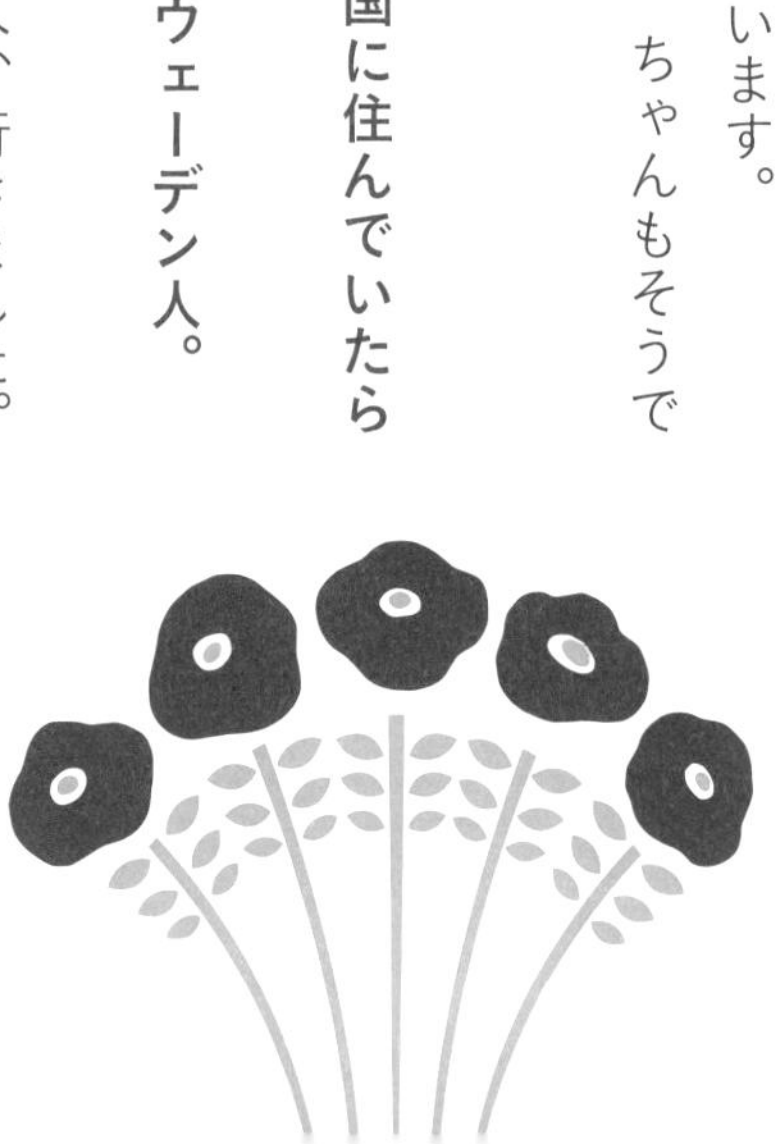

私がそういう夢を持ててること自体が
幸せだってわかること。
そんな時、叔母さんから南アフリカのこと、いろいろ聞いたの。だから、行ったんだ。
ねぇ、ニーナ、私は恵まれてるよ。
だって、いろんな人が
サナの夢は？って聞いてくれる！
夢が持てるって幸せ！」

8歳で「何が幸せか」を考えている子どもがいるということ。そして、それを周りの誰もが「当たり前」として受け止めているということ。それが、北欧の「当たり前」。

私も娘も、「何が幸せか」を毎日考えながら暮らすことで、肩に余計な力を入れず自然体でいられるようになりました。

南アフリカの貧困と治安の悪さについて聞いたサナちゃんは、自分と同い年で不安を抱えて暮らしている子どもたちがいることに心を痛め、行くことを決めたそうです

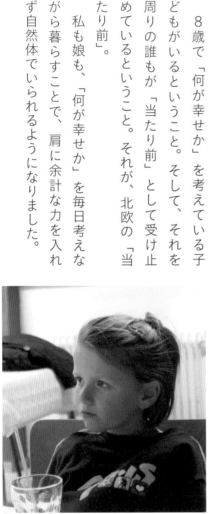

北欧の小さな幸せ習慣

8

自分が「幸せだな」と感じることをシェアする

ニーナ、私たちはね、
お互いをお互いでいいと言うために
存在しあってるのよ。

北欧の人たちは、誰かの噂話をあまり好んで話しません。

誰かのことを気にするということは、**「自分に自信がない=自分を大切にしていない」**という考え方だからです。

なので、誰かが噂話をしたら**「どうしたの?」「何か最近イヤなことでもあった?」**と、逆に心配されてしまいます。

それよりも、**自分自身が興味のあることや、誰かからされて嬉しかったことなど、自分が幸せだなと感じること**――そういうことのシェアに重きを置いています。

無理矢理に明るい話題をシェアするのではなく、シンプルに自分の嬉しいなと思ったことや感じたことをお互い話すのです。

「今日、大好きなアイスを食べたよ」とか、そういうことでいいんです。

北欧では子どもが学校から帰って来ると、パパやママが子どもにこう言います。

「今日Happy《ハッピー》だったこと、幸せだなって思った出来事を教えて!」

まず、そう聞くおうちが本当に本当に多いんです。いくつ聞くのかは、そのおうちによりけりではありますが、だいたい幸せなことを3つ教えてと言うことが多いようです。

子どもたちは、「給食がおいしかったよ」とか、「お友だちとケンカしたけど仲直りできたよ〜」とか、学校で幸せだったなと思うこと言います。その後、親も子どもたちに自分たちが「今日、幸せだったな」って思う出来事をシェアして、お互いが幸せだったってことを共有する時間を作るんです。

そうすることで、たとえ何か落ち込んでいたりしても、少し元気になれるし、何よりも子どもたちとのコミュニケーションを通じて、不思議なことにその時間そのものがなんかホッとするものに変わっていくんです。

学校では、ランチに出かけたことや、そこで違う生き物や草花に出合ったことを共有する授業もあります。

小さなことですが、それが自分を大切にできることとつながって、**「私は私のままでいい」というマインドができていく**んです。

「ニーナ、私たちはね、お互いをお互いでいいと言うために存在しあってるのよ」

北欧に来てすぐに、私も娘もそう言われて救われました。今度は私たちが、苦しんでいる誰かの手助けになりたい——そう考えると、噂話している暇なんてありませんよね。

最後に、スウェーデンで神聖な動物とされるエルクに会った時の話をみなさんと共有したいと思います。

スウェーデンでは、エルクに会うとよいことが起こると言われています。山の中にいるんですが、会えたらラッキーと言われているだけのことはあり、あまり頻繁には会えないのです。

そんなある日、近所のみんなでホームパーティーをしていた時、小学生の子どもたちが言い出しました。

「今の時期は夜も明るいし、みんなでエルクを探しに行こう！」

夏休みだったので、特別に夜中に山道をドライブすることになりました。

北欧の夏は白夜で日が沈みません。夕焼けのような空が続く中、私が車を運転しながら
「ねぇ、エルクに会えるかな？」と聞くと、後部座席の子どもたちが口々に言いました。

「ニーナがエルクに会いたいと思ったら、エルクは出てこないけど
でも、もし、今、みんなでこうやってドライブできることが本当は奇跡で、
幸せだと思ったらエルクは会いに来てくれるよ！」

なんか、エルクに言われているような不思議な感覚になりました。

「そうなんだろうな〜」と、ふと心から思った時、なんと、目の前をエルクがふわっと通り過ぎてくれたのです。子どもたちも大喜び。

「あ、エルクだ！ いたいた！ みんなが幸せだと思ったから エルク、来てくれたんだよ！ ありがとう！ バイバーイ、おやすみ〜」

大自然のエネルギーを感じた、不思議な不思議な夜でした。

エルクはヘラジカの一種。耳の形が特徴的で、北欧ではテキスタイルのモチーフになったりもします

北欧の小さな
幸せ習慣

9

「ホッとする時間」を大切にする

ホッとする、なんだか気持ちがいい、心地がいい――

理由は説明できないけれど、こういう気持ちでいる時が自分が幸せな時間。

北欧では、天気のいい日は外でランチをしたりします。
この日も天気がよかったので急遽、外でランチをすることに。
ここで大切なポイントは、頑張って何かランチを作るのではなくて、あくまでもできる範囲でやるということ。作るのが面倒くさい時は、お店でテイクアウトしたりすることもよくあります。

一番重要なのは、外で食べるという体験そのものなんです。

天気がいい日に外で食べて、自然に触れる——みんな、本当に幸せなことが何なのかを体験しながら学んでいきます。

もしかすると、それは何気ない日常かもしれません。小さなことかもしれません。

でも本当は、その小さな幸せこそが重要なこと。ホッとする、なんだか気持ちがいい、心地がいい——理由は説明できないけれど、こういう気持ちでいる時が自分が幸せな時間。北欧の人たちは、なるべくそうなるように日々を過ごしています。

天気がいい日は外でランチを食べるのは普通です。写真は、家のベランダ

北欧の小さな幸せ習慣

10

無理してまでコミュニケーションを取らない

「そういうこともあるよね。
でも、それでいいんじゃない？」

北欧は男女同権なので基本は共働き。男性も女性も中性的で性格もサバサバしています。なので「ママ友」という概念が、みんなの中にないんです。実際、パパのほうが子煩悩なケースが多くて、学校の保護者会はパパだらけ。ママを探すほうが大変です。

「あれ？　ママ来るの珍しいよね」という感じ。

面白いのは、パパママ同士のコミュニケーションで仲良くなれば普通に友だちになるけれど、それと子ども同士が仲良くなるかどうかはまったく別の話、ということ。

「私たちは気が合うけど、子どもたちが気が合わないこともあるよね。あははは」っていうケースもあれば、**子ども同士が気が合っても親同士はそれほど、というケースもあります。**無理矢理コミュニケーションする必要がないので問題にもなりません。サッパリしているんです。

「そういうこともあるよね。でも、それでいいんじゃない？」

親しくしたければ、すればいい。そうじゃないのであれば、無理してまでコミュニケーションを取らなくてもいい。これが北欧流。物事をシンプルに考えるだけで、人間関係の余計なしがらみから解放されてラクになれます。

そうしていると、逆に誰とでも自然に会話ができるようになるから不思議。

「こうじゃなきゃいけない」じゃなくて、「こうしたほうがいいと思うけど、したくないならしなくていい」という姿勢は、何事にも共通する幸せ習慣だと思います。

北欧の小さな幸せ習慣

11

イヤなことがあっても、誰かを否定しない

「

ねぇ、ニーナ。イヤな時はイヤって言っていいし、

その感情は必要だけど、そこで怒る必要って、実はないと思うよ。だって話し合えば大抵のことは解決するでしょ？

」

イヤな気持ちになった時。相手に怒っている時。みなさんはどうしていますか？

私も正直、難しいなと思ったりします。怒りの感情を吐き出せず、溜め込んでしまうこともあります。

そうならないためのヒントが、北欧の小学校で行われている**「怒り方の授業」**にあります。

子どもたちは、お友だちとケンカした時、どうやって仲直りをするのかだけではなく、どういう言い方をすると相手を傷つけないのかを学びます。そして、どういうふうにすれば誤解を招かないようにできるのか、どういう時に自分がイヤだと思うのかを考えます。

もちろん1回でわかることではないので、時間をかけてきちんと学んでいくのですが、**「こういう時は、こう言うといいんだよ」**と、子どもたちの年齢に合わせたプログラムがきちんと組まれています。

子どもたち一人ひとりの情緒面の発達はそれぞれなので、ひとりの先生が20人の子どもたちと話をするのではなく、きちんとグループ分けをして各グループごとに先生がつきます。

ここで徹底されているのは、先生たちは「教える」という姿勢ではなく、子どもたちと「一緒に考える」ということ。けれども、「メンタル面でなんらかの問題を抱えている子ど

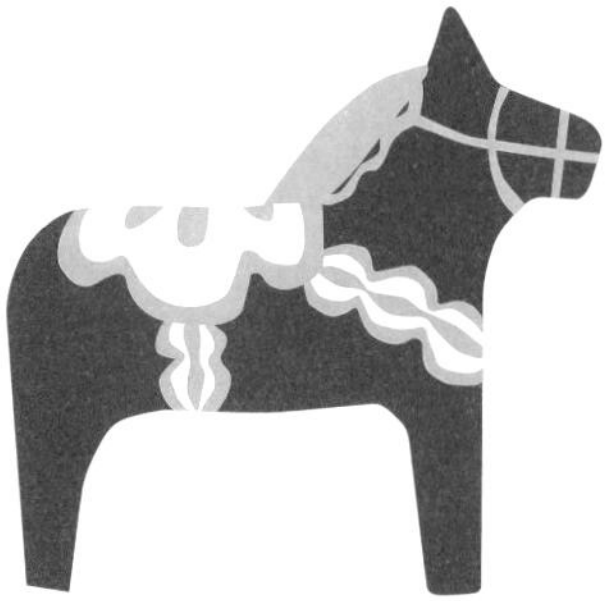

もは難しいのでは？」という疑問も私にはありました。

「難しいこともあるけれど、できるから大丈夫だよ」

先生たちは、そう言います。けれど、そうするには本当に子どもたち一人ひとりのことをきちんと把握する必要があります。

「それって、負担が増えて先生たちは大変じゃないですか？」

「もちろん、ひとりでやったらそうなるよ。でもね、こういう授業をするためには、**子どもたち一人ひとりを深く理解する必要があるんだ。だから大切なのはみんなで情報を共有すること。**学校の先生だけでなく、病院の先生とも、子どもたちのパパママとも、政府の人たちとも、そして子どもたち自身とも。必要なら、みんなで徹底して話し合うから、子どもたち一人ひとりのことがきちんとわかるんだよ」

だからなのか、北欧の子どもたちは年齢の割にびっくりするくらい落ち着いています。

「ねぇ、ニーナ。イヤな時はイヤって言っていいし、その感情は必要だけど、そこで怒る必要って、実はないと思うよ。だって話し合えば大抵のことは解決するでしょ？」


イヤなことがあっても、誰かを否定しない。それが北欧の小さな幸せ習慣。

もちろん時には、ベッドの枕に向かって「ふざけるなー」って感情を出してもいいんです。そうすることによって、怒りの感情を溜め込まずスッキリ過ごすことが大切です。

北欧の小さな幸せ習慣 12

本当に必要なモノだけで暮らす

「このベッド（段ボール箱）で赤ちゃんを寝かせるということは
最低限の生活ということでしょ？
だから、私たちの生活で
本当に何が必要で、
必要じゃないのかが自然と
わかるようになるんだ。
だからみんな誇りを持って、赤ちゃんをここに寝かせるの！」

何かほしいモノがあった時、自分に何度も聞いてみる。もしかしたら、それは誰かが言ったことに流されているかもしれないから——北欧では、誰もが「自分にとって本当に必要なモノは何か？」を考えて暮らしています。

たとえば北欧のスーパーマーケットでは野菜やキノコ類が量り売りになっているところがほとんど。日本とはちょっと違って、**本当に必要な分だけ買う**んです。

この習慣はどうやって培われるんだろう？　単純に節約精神？　なんて思っていたら、答えは思わぬところにありました。

野菜やキノコ類はこんな感じで売られています

赤ちゃんが生まれるすべての妊婦さんに、フィンランドでは「ベイビーボックス」が政府から無償で届きます。

このボックスの中には1年分の赤ちゃんの着替え、ミルク、オムツ、おしり拭き、哺乳瓶、布団、ブランケット、離乳食用のスタイなどなど、最初の1年間に必要なモノがすべて入っているんです。

フィンランドでは、もう70年以上もこのサービスが続けられています。

そしてこのベイビーボックス、すごいことに赤ちゃんのベビーベッドに変身します。とはいえ箱は段ボール製で、お世辞にも立派とは言えません。そこで私はフィンランドの友人に聞いてみました。

「ねぇ、なんで段ボール箱なの？」

「ニーナ、このシステムが始まった時、フィンランドはまだ貧しかったの。だから、その名残りというのもあるかな。

でもね、これは最初に私たちが学ぶサステナブルの世界。

このベッドで赤ちゃんを寝かせるということは最低限の生活ということでしょ？

だから、私たちの生活で

本当に何が必要で、必要じゃないのかが

自然とわかるようになるんだ。

だからみんな誇りを持って、赤ちゃんをここに寝かせるの！」

産まれてすぐに経験させて、自然と学んでいく。結果、当たり前にできるようになる。それが答えでした。

けれどもそうやって育っていなくても、私たちは「変われる」と思うんです。少しずつでも、本当に必要なモノだけで暮らせるように、私も変わり続けています。

フィンランド政府から無償で送られてくるこのベイビーボックスはこれから赤ちゃんを迎える新米のパパママに大人気で、毎年デザインが変わります

北欧の小さな幸せ習慣
13

本当に自分のお気に入りのモノと過ごす

ねえニーナ、安かったから買ったとか
なんとなく流行っているから買ったモノって、
自分が本当に好きで買ったモノじゃないよね？

自分が自分のままでいられるように、
本当に自分が大好きなモノと
一緒にいよう。

北欧の人たちは、本当に気に入った、自分がほしいモノしか買いません。インテリアもファッションも、ベッドも、枕も、布団も、着心地のよかったりホッとしたりする、本当に自分がほしいモノだけを身近に置いて暮らしています。

たとえば、家の中に置くクッション。

北欧の人たちにとって、インテリアは自分の人生の一部なのでとても重要です。当然、どんなクッションにするのかはとても大切なこと。なので、インテリアショップで売られているクッションには、どんなインテリアにもなるべく合うように、テキスタイルデザインをシンプルにしたり、色使いを変えたりして工夫がされています。

たとえば、アンティークの食器。

北欧の人たちは歴史を感じられるモノに対して基本的にみんなリスペクトしているので、アンティークショップが大好き。週末になると訪れる人が多いです。

ちなみに北欧では、毎週末にフリーマーケットが開催されます。ここでも、アンティークの食器は人気です。普通に買ったらそれなりにお値段のするモノでも、フリマなら安く

買えてお買い得。こちらも週末の人気スポットです。

こういったお気に入りのモノを、家の中の見えるところに置いておくわけです。

飾り棚のポイントは、お気に入りの中でもお気に入りの、**本当に本当に自分が心から好きなものだけを飾る**こと。

そうすると自分も居心地がいいし、他人も不思議と居やすい空間になるんです。

本当に好きなモノだけ、自分が居心地のよいモノだけをシンプルに棚に飾る際のもうひとつのポイントは、ひと目で何があるのかわかるようにすること。前側は見えるけれど、奥のほうは何がなんだかわからない…なんてことがないように飾るんです。

そうすると、「自分の好きなモノが何なのか」もパッと見のビジュアルで確認できます。自分が自分のままでいられるように、家の中を工夫すればするほど、家のことも自分のことも好きになるから不思議です。

Aお気に入りだらけの飾り棚　Bリビングはシンプルにこんな感じ。近年は異常気象で暑い日も多いので、扇風機も人気です

北欧の小さな幸せ習慣

14

モノを大切に使い回す

「え？　なんでニーナは新しいのがいいの？
教科書を開いたら、誰かが勉強したことがわかるから
そこにはね、気持ちが書いてあるんだよ。
それは見えないけど感じるでしょ？
すごく、嬉しいんだよ！
だから、私たちも大事に使って
また誰かに使ってほしいんだ。」

本当にお気に入りのモノと過ごすからこそ、北欧の人たちはモノを大切にします。毎週末、フリーマーケットが盛況なのは、そのせいでもあります。

大人はもちろんのこと、子どもにまで、そのマインドは徹底されています。

たとえば、世界中で、子どもたちに人気のレゴ（LEGO）。北欧発とあって、北欧諸国ではとりわけ身近なオモチャとして愛用されています。

このレゴ、兄弟だけでなく友だち同士でも、お下がりでもらったり、あげたりするのが一般的。**北欧の人たちはモノを大切にするので、新品のオモチャにあまりこだわりがないのです。**

だから、お下がりをもらうのは普通で、また、使わなくなったモノを誰かにあげるのも普通。学校で使う教科書だって、お下がりだったりします。

実は**教科書は自分のものではなく、学校からの貸し出しなんです。**

だから、一年終わったら学校に返却。使えなくなるまで教科書は使い回しています。

子どもたちは、新しい教科書よりも誰かのお下がりのモノを好んで使います。

「なんでお下がりがいいの？」

そう聞いたら、返ってきたのが冒頭の言葉。幸せをおすそ分けしてもらった気分になりました。

北欧の小さな幸せ習慣

15

誰でも、いつからでも「変われる」と知る

ニーナ、未来は私たちが生きてきた過去とは違うよ。

「もし、この世で変わらないことがあるとすればそれは、世の中は変化しているということだけだと思う。」

北欧の人たちは変化を恐れません。むしろ、**自分から変化していく、自ら変わっていくことが大切だとされています。だから、子どもたちにもたくさん、経験をしてくれることを親は望んでいます。**

パパママが子どもたちの将来の話をする時も、「どんな子になってほしいか」ではなくて、「どんな未来を生きていく子どもたちなのか」で盛り上がったりします。

「ねぇ、僕たちの子どもたちの将来って、全然今までと違うでしょ？
だから親の自分たちがいかに、時代の変化や
子どもたちの考え方に対応できるかが重要だよね。
要するに自分たちが、どこまで固定観念にとらわれず
変容していけるのかってことがカギ。
チャレンジではあるけど**変わらないとね、僕たちが**」

彼らがこう言うには、もちろん理由があります。

北欧のパパママたちは、将来の子どもたちは月曜日から金曜日まで違う仕事をする子がたくさんいるだろう、それが普通になるだろうと思っています。

たとえば月曜日はA社でプログラマー、火曜日はB社でコンサルタント、水曜日はC大学で学生、木曜日はD社でスポーツインストラクター、金曜日はEレストランでマネー

ジャーというように。なぜなら、いろいろなことがAI（人工知能）やテクノロジーで自動化され、オンライン化されることによって、今まで手数をかけてやらなければいけなかったものが短縮化され、よりたくさんのことが簡素化されるだろうからです。

国家レベルでも、社会がそういうシステムを稼働させられるように準備を始めています。スウェーデンでは2010年から**イノベーションを生み出すことが、国の財産**に変わりました。フィンランドでは2017年から小学校ですべての学科が取り外されました。北欧の子どもたちは、もう国語、算数、理科、社会という枠にとらわれていないんです。

もしかしたら明日、今日まで自分が積み上げてきた知識はいらないという時代が来るかもしれない。だから、これからの未来のキーワードのひとつとして、「Be Transformed = 変容する」を掲げているんです。

とはいえ、「変わる」って容易じゃない気がしました。

「変わるって大変じゃない？」

そう聞いたら、返ってきたのが冒頭の言葉。

「自分が、もし、その過去を未来で再現したいと思っていたら

確かに変わるのは難しいかも。

でもね、世界は常に変わっていくし変わるものだよ」

無理をして変わるのではなく、**必要なのは、ほんの少しの勇気。**幸せであり続けるために、変わり続ける北欧の人々。彼らは、日本にも期待してくれています。

北欧では、発達障害を抱えている子どもを育てているパパママに対してみんな敬意を払ってくれるのですが、それは普通よりも精神力が必要だと感じているからです。重度であればあるほど「すごいよね。見習わなくちゃ!」って、なるんです。

「でもさ、日本だと、生きづらくて肩身の狭いパパママがたくさんいると思うんだ。なんか残念だけど」

「そうなの? あ、でも、そうか。日本はこれから変わろうとしているんだね!」

北欧も、福祉国家になる前は今の日本と似たような風潮だったそうです。けれど、みんなが変わったから今、これがここでは当たり前になった。

「日本が変わったら、世界中の人が変わるね。すごいよ、それ。

大丈夫、北欧もできたから、できるよ、きっと」

「すごいなぁ」と思うだけでなく、「私も本気で変わり続けなきゃ」と反省することしきりでした。

chapter

02

「ダメ」なんてない

誰かと同じじゃなくて、いい。
誰かと比べなくたって、いい。
無理しないで、できることをやろう。

北欧の小さな幸せ習慣
1

誰もがオンリーワンだと知る

サムは心に響くピアノが弾けるスペシャルなクラスメイト。

「耳が聞こえないのは彼の個性だよ。
みんなに、聞こえないことが
どういうことかを教えに来てくれた
サムはすごい！　尊敬する!!」

ここまで書いてきた通り、**北欧はすごく平等でフラット社会です。だから、もちろんヒエラルキーもありません。仕事でも、立場は関係なく、アルバイトであってもCEOとは対等に話をします。**

誰にでも自分の意見を言うことは普通なんです。**そして競争社会でもありません。**

みんな平等ということは、それぞれがそれぞれでいいということ。

最初、スウェーデンに来たころの私はアメリカのカルチャーのままで競争すること、実力主義は当たり前でした。一番になることも当たり前。それは誰を蹴落としてでも、自分がその位置にいることに意味があったのです。

そんなある日、当時、私の働いていたデザイン会社で「私、カンヌで賞（カンヌ広告賞）取りたいな！」と言うと同僚のマリアが不思議そうに聞いてきました。

「なんで？」

「だって、一番になりたい！」

「どうして一番になりたいの？

ニーナはニーナでひとりしかいないんだよ。

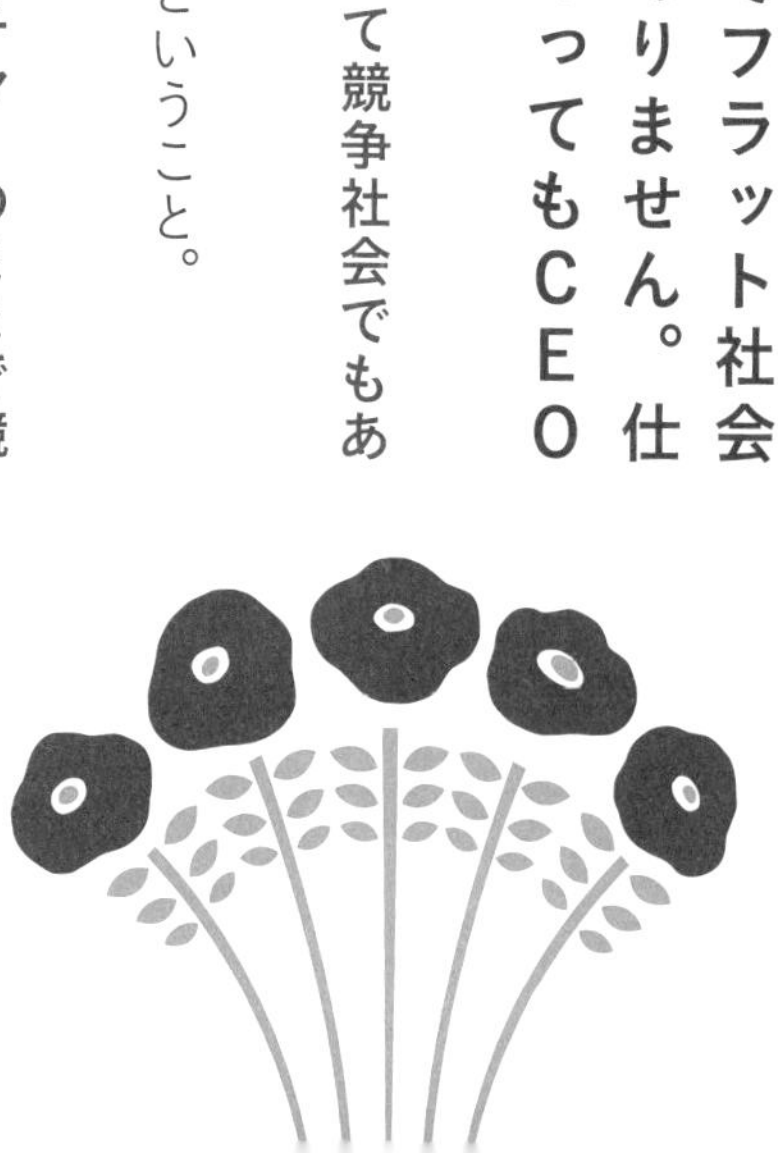

ニーナはアメリカに住んでいたからそう思うのかもしれないけど、ここではね、**オンリーワンでいることが大切なんだよ。一番になりたいってことは、ニーナはニーナ自身を大切にしてないよ**」

それを聞いていた社長も、こう言ってくれました。

「うん、ニーナ、君のデザインは本当にすごいよ。でもね、

マリアの言う通り、ニーナはニーナでいい。

僕たちは、**君がここにいてくれること、そのこと自体が幸せなんだよ。**

だから、オンリーワンでいてほしい」

ビックリしました。オンリーワンだなんて考えたこともなかったからです。

デザインは好きだけど、誰かに勝つことのほうが、当時の私には意味がありました。**そうしたら、誰かが見てくれると思っていたから。そうなることが、すごいことだと思っていたから。でも、そうじゃなかった。**

それから、だんだん私は変わりました。初めて、自分が何をしている時が楽しいのか、幸せなのかを考え始めたのです。

そのうち、オンリーワンということの意味がわかるようになりました。

ちなみに左ページの写真は、ピアノを弾く小学3年生のサムくん。実は彼、耳が聞こえ

ません。でも、サムくんのピアノは心打たれるものがあり、みんな大好きなのです。サムくんのクラスメイトはみんな口を揃えて、「サムの全部が好き!!」と言います。

「ニーナ、私たち、サムは、サムだと思う。だから、サムの全部好きなんだ〜！」

そんなサムくんの将来の夢は作曲家になること。それを聞いたクラスメイトの子どもたちも、万全の応援体制。

「サム、絶対にその夢は叶うから、サポートできることはするよ！」

とてもとても印象的な光景でした。

そう、みんな、そのままで十分価値がある。生きていること自体がすごい！だからオンリーワンであれ!!

北欧の人たちから学んだこのことは、今でも私の生きる指標になっています。

胸打つ調べを奏でるサムくん。北欧では趣味がピアノだという人がたくさんいて、弾いて心を落ち着けるのは割と一般的だったりします

北欧の小さな
幸せ習慣
2

凸凹でいい

「ニーナ、どの人がすごいとかダメだとか、
そう言う大人がいるけど
あれ、聞きたくない。
だって、悲しい…そういうの。
みんな、違うけど、それで、みんなキレイなのに。」

北欧の小学校では**「生きること、それこそが勉強であり重要なこと」**とされています。だから先生たちも、子どもたちに「どんな状況でも受け入れられる強さ」を教えていきます。それは、国語よりも算数よりも重要です。

親たちも、**「子どもたちに〝生きていくこと〟に誇りを持ってほしい」と考えています。**

「ね、ニーナ、
どんな職業についていても嬉しいことや悲しいことはあるし、人生いろいろあるじゃない？
だから、自分に自信を持つことは大切なの。
だから、そのままでいいって伝えてあげないとね、子どもたちに」

その根底となるのが、「平等」という考え方。だから学校では、「平等」とはどういうことなのかもきちんと教えています。

先生たちは、子どもたちに言います。

「今、なんの事故も病気もなくて普通に生きているのはね、
それは奇跡なんだよ。みんなが、事故に遭ったり障害を持ったりした可能性があるんだよ。ただ、ラッキーなだけなのよ」

このマインドをきちんと理解するために、目が見えないこと、耳が聞こえないこと、難病や発達障害がどういうことなのかを学び体験したりする授業ももちろん、あります。

これについて子どもたちはどう思っているか聞くと、**「楽しいよ！」**と、口を揃えて言います。

「だってね、自分たちに何ができるのか考えられるでしょ？　それはね、嬉しいよ！」

先生たちも一人ひとりが違ってそれでいいから、そのままでいいと、みんなが言ってくれます。

「ニーナ、ここで一番大切なことはね、

小さい時からいろいろなバックグラウンドの人がいることを学ぶことなんだ。

私たちはみんな違う。でも、それでいいってことを伝えていかないとね」

だから、そこに自分がいることの重要性を感じられるのだと思います。結果、障害を持つ人や誰かの手助けをするのが当たり前になるんだと思います。

そのやさしい目線は、弱者に向けられるものではなく、「自分と違う人」すべてに向けられています。みんな、一人ひとり違うということを心から受け入れているんです。

私が北欧の会社で働いた時も、「日本がどういう文化なのか教えてね」と、みんな興味を持って聞いてくれました。

「ね、ニーナ、僕たちが本気でその文化を理解したいと思わなかったら、相手の人だって、心を開くことはできないんだよ。だから聞くのは当たり前。

それと本当はね、違う文化を知るということは楽しいこと。
でも何かのフィルターがかかると、そうではなくなってしまうんだ。
でもね、ここではみんなそのフィルターがないから、
他の国の人たちのことを理解するのが大好きなんだよ」

仕事でアイスランドを訪れた時、仲良くなったおばあちゃんの言葉は今でも忘れません。

「人生って、文字通り生きることでしょ？

だから、たくさんの選択肢があって、たくさんの生き方がそこにある。

みんな違うけど、それが美しいと思うのよ。

アイスランドという国は子どもと、家族のためにあるの。

いくつになって恋しても、おじいちゃん、おばあちゃんになって大学で学んでも、
全部ステキだと思わない？」

凸凹でいい。みんな違って、みんないい。

自分の凸凹をそれでいいと認めたら、本当に自分のことを好きだと言ってくれる人に出会える。そうしたら、ハッピーな人間関係につながる。心から、そう思いました。

北欧の小さな幸せ習慣

3

差別も区別もしない

そうだよ、あの子。可愛いでしょ？

「
でもママ、なんで車椅子に乗ってるか乗ってないか関係あるの？
その情報がどうして必要なの？
」

それから、障害って…何？　彼女は彼女だよ。

そんなことで人を区別するママは、好きじゃない。

北欧の人たちは、マインドだけを見て、誰かと気が合うとか合わないを決めます。だから、白人だから、黒人だから、アジア人だからという差別もないし、宗教が違うとかも関係ないし、その子に障害があるもないも関係ないんです。セクシャルマイノリティーも関係ありません。もちろん、家庭のバックグラウンドも。仕事も。

なぜって？

それは全部表面上の出来事だから。心の中に持っているものが大切で、それを心で感じ合える仲間が一緒にいたいと思う人たちなんです。私たち世代でさえも北欧の人たちは、すでにそういう考え方なので、子どもたちはもっと進んでいます。

これは、3か月前にイギリスから引っ越しをして来た、小学校3年生のアレックスくんの話。

「ねぇ、ママ、僕ね、好きな女の子がいるんだ。

その子ね、すごく優しくて僕が教室の場所がわからなくて困ってたら、

大丈夫だよって、僕を教室に連れて行ってくれたの」

彼女がどれだけ優しかったのかを聞いたアレックスのママは後日、教室に行って、初めてその女の子に会って驚いたそうです。なぜなら、その女の子は重い障害を抱えていて、車椅子に乗っていたから。ママはアレックスに聞きました。

「あの、車椅子の女の子なの？
なんで、それを伝えてくれなかったの？　障害がある子なんだね」
アレックスくんの返事が、冒頭のセリフです。

けれどもこれは、北欧の子どもにとっては当たり前のこと。当然、先生もナチュラルに接します。

北欧の幼稚園や小学校の先生たちの素敵なところは、下校する時に必ず一人ひとりに**「愛してるよ！　また明日ね！」**と、生徒に言ってハグをします。スウェーデンの小学校で今は5年生を受け持っているブリッタも、もちろんそう。

「ねぇ、ブリッタ、日本では先生とはいえ人だから、
お気に入りの生徒とかいるけど、スウェーデンもそうなの？」

ブリッタは少し驚いて言いました。

「え？　先生が？　お気に入りの子？
それで言ったら、みんな私のお気に入り。

ニーナ、北欧ではね、先生が誰かひとりの子だけを可愛がるなんてことはないわ。
人だから好き嫌いはもちろんあると思う。

でもね、先生が、もしそうしたら子どもたちは、先生に気に入られようとして接してしまうでしょ？　それはあまりいいことではないわ。大人になったら、ただでさえ、いろいろあるのにそんなことはその時期に学ぶことじゃないと思う。

もちろん、家庭もそれぞれ違うし子どもたちの性格も違うけど、それがいいのよ。

そしてね、それでいいのよ。だから、みんな違って、そこがまた、可愛いって思うの。

ここでの先生の仕事はね、子どもたちに、将来、自分の足できちんと生きていけるようにサポートしてあげることなの。

それに、どんな人でもつまずくし泣きたくなることもあるでしょ？

でも、そんな時に誰かからもらった愛情が過去にあれば、それが自信を取り戻せるキッカケになることもある。

愛してるって伝えることは、
いくら言っても言い過ぎることにはならない。

だから、私はみんなにどこまでも、いつまでも愛してるって伝えるの。

これは私だけじゃなくてね、北欧の先生たちは全員同じことを思ってるわよ」

北欧は「学校が大好き！」と言う子どもが多いんですが、その理由が改めてわかりました。

北欧の小さな幸せ習慣

4

誰かと比べるのはやめよう

「えーっ？　私？　なんで？
なんで一番の人とか決めたの？」

北欧では、授業は楽しむことが大事。
北欧の先生が子どもたちに望むこと、それは、**その子らしい人生を歩んでもらうこと。**

何かができるからいいのではなくて、何かができないからダメなのではなくて、**その人が幸せだと感じる人生を歩むこと。**

先生は口を揃えてこう言います。

**「子どもたちにもし、優劣をつけてしまったら、
その子らしく生きることは難しくなる。
だから、子どもたちが興味を持ったことに寄り添ってあげること、
そして、『それで、いいよ』と言ってあげることが私たちの仕事です。
なぜなら、それは大人になった時の彼らの生きる力に変わるからです」**

そんなこんなで北欧の小学校では、子どもたちの読み書きレベル、情緒面の発達、このふたつのパラメータで教科書が変わります。しかも3種類——ひとつはイラスト多め、もうひとつはイラストとテキストが半分ずつ、そして3つ目はほとんどテキストの教科書。

すごいのは、どの教科書を使っていてもみんな、同じ内容を理解できるようになっていること。

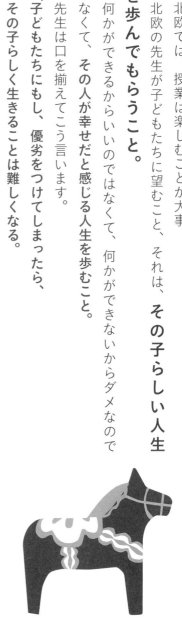

だから、もちろん子どもたちも、誰がどのテキストを持っているからといって、争いにはなりません。

先日、スウェーデンの保護者会で「日本だと、誰がどの教科書で学んでいるのか、親同士で比べてしまうかもしれないし、子どもたち同士も気にするかもしれない」と言ったら教室内は一瞬、静まり返りました。

「え？　どういうこと？　（シーン）」

そして、たくさんのパパママから、こんなことを言われました。

「そうだとしたら、それは競争になったり見えないプレッシャーになったりして、大人になってから誰も信じられなくなったり、ステレオタイプな優等生を演じる人も増えたりするよね？

それ、問題になるから、よくないよ。

しかも、日本人は世界で一番優しい人たちだと思う。私たちなんかよりも、すごいよ。だから余計にそれは誰かを苦しめちゃうんじゃないかな？」

大切なのはみんな、同じステージを体感できること。

大人も子どももみんな、十分それぞれのステージで頑張っているのだから、誰かと違うからって、「私はここがダメだ」とか「そんなんで、どうするの？」なんて比べる必要はない、という考え方。

「すごいな、徹底してるな〜」と思うと同時に、娘が表彰された出来事を思い出しました。

それは、スウェーデンのサマースクールに娘が通っていた時のこと。

成績が一番よかったと小学校（インターナショナルスクール）から表彰されました。でも、通常、競争社会じゃない北欧で、こういうことは起こらないはず。先生方はたくさんの国から生徒が来ているので、一応形だけそうしようということにしたらしいのです。ちなみに、インターナショナルスクールでも、北欧でこういうことをするのは本当に異例です。

校長先生が、私のところに来て言ってくれました。

「彼女、すごいよ。僕たちみんな大好きです」

自閉症スペクトラムの娘は、コミュニケーションの仕方が独特です。いきなり喋らなくなったり、時に人の傷つくことを言ってしまったりします。でも、それも彼女として受け入れてくれています。

また、彼女はディスレクシア（読字障害）でもあるので、字を書くことが苦手です。だから、学校は彼女がテストの答えを音声入力できるようにしてくれていました。

それでも、私は疑問に思って聞いてみました。

「やっぱり、ハンディがある娘を優遇してくれたのですか？」

「ハンディ？　彼女は彼女だよ。
確かに**自閉症スペクトラムでディスレクシアなんだろうけど、**
それは彼女の一部に過ぎないのですよ。
私たちは誰かを贔屓《ひいき》したりはしません。ただ、彼女が本当に素晴らしかっただけ」
娘は私以上に驚いたらしく、表彰式のスピーチで驚いてこう言いました。
「えーっ？　私？　なんで？　なんで一番の人とか決めたの？
んー、えっと、ありがとうございます…。
でも、私はデザイナーとカメラマンに
将来なりたいから、
これは全然重要じゃないの。
先生たち、これを決めるのに頑張って
働いてくれたのにごめんなさい」
場内は笑いに包まれました。障害ではなくて個性として認めてくれてありがとう。みんなにとっては当たり前なのかもしれないけれど、ありがとう。心から、そう思いました。

スウェーデンの小学校で使われている3種類の教科書。
文字量の違いが一目瞭然です

北欧の小さな幸せ習慣

5

血のつながりもルーツも気にしない

「アイデンティティは？って聞かれたらボスニア人だって思うけど

でもねニーナ、

僕はスウェーデン人だよ。

うん、ずっとスウェーデン人！」

区別も差別もしないマインドは徹底されていて、ルーツや血のつながりも北欧の人たちは気にしません。

友人のカミラはスウェーデン人ですが、彼女は赤ちゃんの時にコロンビアからスウェーデンに来て、スウェーデン人の養父母に引き取られ育てられました。

子どもは子ども。それは国が守るべきものという考え方が根付いている北欧では、親子で血がつながっているかいないかは関係ありません。だから彼女も、普通になんのためらいもなく、こう言います。

「私はコロンビアから養子でスウェーデンに来たんだ〜。あんまり覚えてないけど（笑）」

それを聞いたみんなも、**「そうなんだね」**と思うだけ。

ちなみにヴィダちゃんはカミラの実の娘ですが、カミラの体の事情で二番目の子どもはコロンビアから養子を迎え入れました。

そのミロくん、コロンビアから養子として来て、カミラの家族になり、もうすぐ1年が経ちます。ちなみにスウェーデンで養子縁組は普通ですが、男の子か女の子かの希望は出

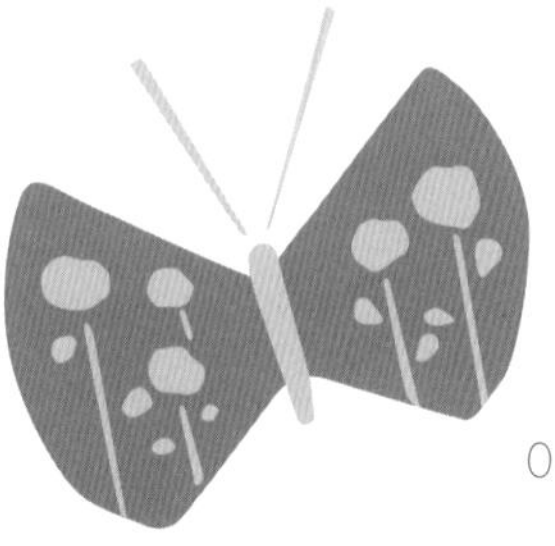

せません。どちらも子どもは子どもという考え方で、ここでも区別するという発想がないんです。

4歳の時に内戦下のボスニアから家族で命からがら逃げて来た友人も、差別も区別もしないマインドに救われたひとり。あまりよい言い方ではありませんが、いわゆる難民だった彼は、普通にこう言います。

「I'm Swedish!（僕はスウェーデン人だよ）」

センシティブだなと思いながら彼に聞いてみました。

「スウェーデンに住んでて疎外感とか感じなかったの？」

「昔だったらそうかもだけど…僕たちの時は、もう、そういうのはなかったな」

ルーツは関係ない。その人のアイデンティティはそのまま大切にする。でも、スウェーデン人であることも当たり前に認める。

見習いたいマインドだなっていつも、そう思っています。

A 私の友人のカミラとコロンビアからやって来たミロくん
B 娘のヴィダちゃん

北欧の小さな
幸せ習慣

6

どんな外見も個性として尊重する

「学校は勉強する場所だから、
私はどんな格好でもいいと思うよ。」

北欧の小学校ではどんな服装でも大丈夫なので、子どもたちが髪の毛を染めても、お化粧しても全然オッケーです（とはいえ、オーガニックで子どもでも使用できる安全なものを、基本的には使ってます）。

どんな格好だとしても、それは個性なので、尊重しているのです。


これは、オシャレ番長と言われている小学4年生のヨアナちゃんに話を聞いた時のこと。

「ヨアナちゃん、趣味は何ですか？」

「ファッション。カジュアルなものと、大人っぽいものを合わせて、今の等身大の私を作るのが好きなの」

「コーデの秘訣は？」

「あまりたくさんの色を入れないこと。それと、いろいろな洋服を着てみたいから、どんな色でも合うように髪をブロンドに染めてる。

今日はね、シンプルコーデだから、アクセントでネックレスをつけているのがポイント！」

「日本の小学校だとネックレスとか、お化粧とか学校にしていけないいんだけど、もし、ヨアナちゃんが日本の学校に通うことになったらどうする？」

「え？　できないの？　なんで？
学校は勉強する場所だから、私はどんな格好でもいいと思うよ。
あ、でも、それは日本なりのルールや考えや歴史の背景があるということだよね？
それを聞いて学んでから答えを出すと思う。
納得できるまで、なんでダメなのか、きちんと話し合いたいな」

私には、ヨアナちゃんがとてもキラキラして見えました。もちろん、ブロンドの髪の毛のせいではありません。

外見でも考え方でも、「違うこと」を否定したり批判するのではなく、それを個性として尊重する。かといって、無理に受け入れる必要はありません。受け入れるかどうかは、考えて自分で決めればいいんです。

子どもたちの世代には、日本でもそれが当たり前になってほしいと思います。実際、若い世代を中心に、そういう土壌は形成されつつあるように感じます。

ヨアナちゃんの夢は、「ファッショニスタ！ それと太陽光の博士!!」だそうです

北欧の小さな幸せ習慣

7

打ち明けてくれて「ありがとう」

え？　ニーナ、何が「ごめんね」なの？

むしろ、言ってくれて嬉しかったよ。
今日は、ニーナのこと、
もう少しわかるようになったから
幸せだよ！　ありがとう。

友だちと深い話をして、お互いのことをさらによくわかった時に北欧の人たちが必ず言う言葉が、私は大好きです。

「あなたのことをもっと知ることができて幸せだよ！」

大人も子どもも、お互い、そう言います。そして、本当にそう思って言います。

何かを打ち明けてくれた時、そして、何か新しいことがわかった時だけではなくて、時にネガティブなことでも、その人をひとつわかったことがとても大切なんです。

私がある日、プライベートで少し落ち込んでいた時のこと。

友人たちとちょうど飲みに行くことになり、落ち込んでいることを打ち明けました。

帰り際に**「今日、みんな私の話を聞いてくれてありがとう。それだけになってしまって、なんかごめんね」と言うと、逆に「ありがとう」という返事。**

笑っていても泣いていても、穏やかな時もそうでない時も全部そのままでいい。

自然体でいることの大切さを友人たちが教えてくれました。

フラットな北欧社会。だから年齢は関係なく友人になるのが普通です。

職業での収入の差があまりないのもあって、「どんな仕事をしているのか」とか立場で人を判断する必要がありません。シンプルに気が合った人と友だちになれるんです。

会社のパーティーで出会って仲良くなったカミラはスウェーデンの元女子サッカー選手で23歳、アンヤはインテリアショップのオーナーで私より結構年上。みんな全然違う人生。好きな食べ物もファッションも違います。でも3人でいると楽しいんです。

少し前に3人でランチをしていた時のこと。

「カミラとアンヤのおかげで楽しいお昼になったー♪」

私がそうふたりに言ったら

「ニーナ、**私たちの人生の中にいてくれてありがとう。**

こうして今、一緒に笑えて楽しい時間が過ごせて、それが一番幸せ」

心の中までこの言葉が突き刺さりました。

自分のことを話してくれたから、嬉しい。

嬉しかったから、「ありがとう」。本当にシンプルな幸せ習慣だと思います。

北欧の小さな幸せ習慣

8

いろいろな形で「愛」を伝える

「ねえ、ニーナ、私パパのこと大好きなの。
だって私のこと「愛してる」って
いつも言ってくれるから。」

子どものバースデーや記念日には、フォトスタジオで撮影するのが日本では多いと思いますが、北欧では自分たちで撮って残すのが一般的。これは、フォトスタジオ自体が北欧にあまりないというのもあるんですが、**自分たちの手で子どもたちに何かを残してあげたいというパパママが多いからです。**

上手いとか下手とかではなく、大切にしているのは

子どもへ愛をどれだけ伝えるか。

でも、みんな写真の撮り方をどんどん学んで、あっという間にプロ級の腕前。

写真自体もすごいキレイで好きですが、私はこの写真から「愛しているよ！」という想いが伝わってくる感じがするので、すごく好きです。

愛を伝えるのは、もちろん特別な日だけではありません。

育休中のパパ、フレドリックが言うことを聞かない息子のアーヴットくんに落ち着いて接するのを見て、こう聞いたことがあります。

「ねぇ、フレドリック、疲れたりイライラしたりしないの？」

「もちろんあるよ（笑）。でもさ**僕はね、アーヴットが大人になった時、彼自身も世の中も幸せであってほしい。**

だから僕が今できるのはアーヴットに『すごく愛してる』って、
いろいろなカタチで伝えることなんじゃないかなって思ってる。
だから今、彼と一緒にいられるこの瞬間はかけがえのない時間なんだ」

彼らが愛を伝えるのは、もちろん血を分けた子どもだけではありません。家族、友人、同僚はもちろん、道行く子どもや困っている人、逆に親切にしてくれた人など、関わる人みんなが対象です。

私が印象深かったのは、スウェーデンの友人宅に遊びに行った時のことです。

彼が結婚した日本人の女性には、前のパートナーとの間に10歳の女の子がいます。

「ニーナ、僕は僕の奥さんのことを愛しているよ。
そしてね、もちろん娘のことも愛してる。
だって僕が一番愛している人の愛している人。
その子を愛していないはずはないよ」

女の子も嬉しそうに、「私もパパのこと大好き！」ですって。

「愛を伝える」って、血のつながり以上に大切なことなんだなぁ、と改めて感じた瞬間でした。

みんなシャイで謙虚なので、ほめると「ニーナ、そんなことないよ。ただの写真だし、素人だし、恥ずかしいからやめてよ」と、日本人っぽいリアクションが返ってきます

北欧の小さな
幸せ習慣

9

寄付をする

「あのね、今年のクリスマスプレゼントはお金がほしい。
それで、そのお金、僕たちと同じ子どもたちで、
でも、**大変な子どもたちに寄付したい！**
だって僕たち、食べ物がほしい時に
食べられるし、やりたいことも、
夢も持てるから。
だから、それがしたい。」

北欧では、誰かに寄付をすることは当たり前。たとえば、**何かのイベントでも予算が余ったら、ほとんどの場合、余った分は寄付します。**

誕生日にも、普通に考えたら誰かからプレゼントをもらう側だと思いますが、寄付する人が多いんです。

そして後日みんなに、この団体に寄付したよ、と話します。その時に、どうしてそこにしたのか、なぜそう思ったのかまで話して、自分の価値観をみんなと共有して、それぞれの想いを知るのが、幸せでもあるのです。

「ねぇ、でもなんで誕生日にするの？」

「ニーナ、誕生日が来たらひとつ、みんな歳を重ねるでしょ？

それは、自分ひとりの力ではできないことなの。

今日飲んだコーヒーの豆は、どこかの国の人が必死で作ってくれたものかもしれないでしょ？

今着ている洋服の布は、きっと見えない場所で誰かが頑張って作ってくれたんだよ。

でも、私たちはそのことにあまり気がつかない。

目に見えることだけに、ありがとうって思いがちで、

本当はたくさんのことが目に見えないカタチで動いていて、私たちを助けてくれてる。

だからね、ありがとうっていう気持ちを少しでも
伝えたいから、そうするんだ」

それから私も見習って、毎年寄付をさせてもらうようになりました。
そうなってから、以前よりも誕生日って幸せなんです。

フィンランド人の6歳のジェーコブくんは、サンタクロースにお金をお願いして、それを「寄付したい」と言ったそうです。
娘もいろいろ影響を受けて**「私もそうする!」**と言い始めました。

うちの娘には4歳になった時から、使わなくなったおもちゃ、ぬいぐるみ、着なくなった洋服のどれを寄付するのか、自分で決めてもらっています。
最初は「?」だった娘も、次第にいろいろ考えてくれるようになりました。

「ね、ママ、本当は、まだ私、ちょっと遊びたいけど…
このぬいぐるみがほしいお友だちがいるんだよね?
おもちゃがないお友だちもいるんだよね?
ママ、私は他にもおもちゃあるから、あげる。

ママもパパもいないお友だちがいるの？　きっと、さみしいよね…」

子どもにも理解できることはたくさんあるんです。

小さいことだけれど、できることから。

今、当たり前に生活していることが本当はそうではない——私も、北欧の人たちに見習って少しずつ伝えていけたらいいなと、そう、思っています。

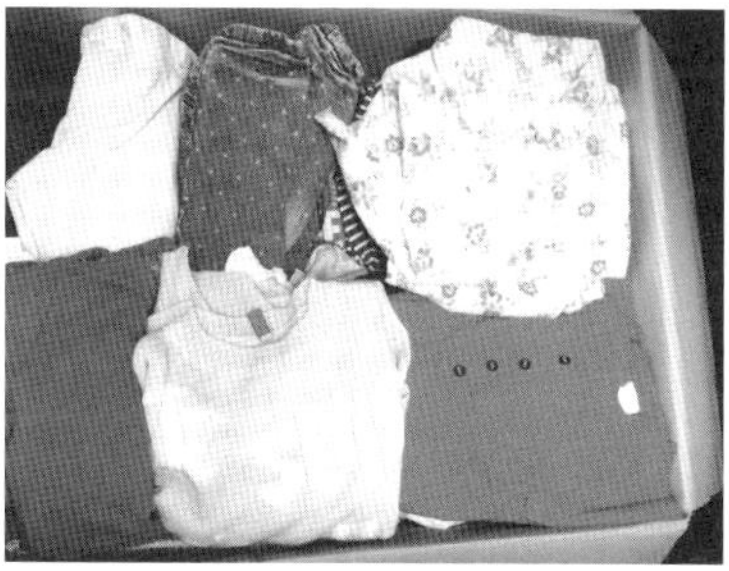

小さくなって着れなくなった洋服は、娘自身でたたんでダンボール箱へ。ちょっとぐちゃぐちゃではありますが（笑）

北欧の小さな幸せ習慣
10

完璧じゃなくていい

「ニーナ、
子どもたちを守るのは
親の僕たちの仕事だよ。
当たり前だし、それができるのは
幸せ。
だから、楽しいじゃない？」

この世の中に完璧なものなんて、ありません。

だから、「全部きちんとやる=幸せ」という方程式も成り立ちません。その時にやれることをやれば、それで十分。パパだからこうしなきゃいけない、ママだからこうじゃなきゃいけない、なんて考え方は北欧では皆無です。たとえば、ママが料理をするのがすごいことで、しないのがいけないわけじゃありません。

北欧では、女の人よりも男の人のほうが料理をします。共働きというのもありますが、女の人は料理を作らず「後片付け専門！」という人が多いんです。

北欧では、得意な人が得意なことをするというのが普通。

ホームパーティーを開いても、きちんと予算を立ててその中でやり繰りをする人、料理をする人、ワインを選ぶエキスパートなど、合理的に役割分担されています。**要するに誰も無理をしないのです。**

ある日のパパたちと子どもたちのパーティーで話題になったのは「子どもたちにとってよい食材について」でした。

アボカドを使う離乳食の話、ビーガン（完全菜食主義者）で育てる子どもたちの栄養面の話などを経て、話題は和食へ。日本食は世界で一番健康的とされていて北欧でも人気。みんな、栄養学についても勉強しているんです。

もちろん、誰も栄養学的に完璧にやろうなんて思ってはいません。けれど、やれることはやるというスタンスなんです。だって、幸せだし楽しいから。そのスタンスは、働き方にも顕著に表れています。家事もそうですが、仕事もチームプレイという考え方なんです。

たとえば、子どもが熱を出して会社を休まなければならない時。

日本だったら関係各所に**「ごめんなさい」**って言わないといけないことが多いと思います。でも、北欧では謝る必要はありません。

子どもが熱を出すとか風邪をひくとか「それは当たり前」という考え方だからなんです。

子どもが治るまで、もちろん出社しないで大丈夫。もし、「ごめんなさい」なんて言ったら**「え？　あの人大丈夫？」**と、人間性を疑われます。「完璧にやろうとしすぎだから、休んだほうがいいよ」と、半ばノイローゼ扱いされてしまうくらいです。

そしてみんな、子どもが具合悪いと普通に全員心配してくれます。会社の社長だって、どんなに忙しくても声をかけてくれるんです。

「大丈夫？　何かできることあったら言ってね」

完璧ではないかもしれないけれど、できるフォローは全力でやるよ、というスタンス。自分だけでなく、相手も幸せにしてくれる素敵な習慣だと思います。

北欧の小さな幸せ習慣

11

その日のベストでOK

「どうして直す必要があるの?
子どもたちは、精一杯片付けているわ。
だから、これは今の
この子たちのベスト。」

北欧の幼稚園では遊んだ後、子どもたちが続きをやりたい場合は何か特別な事情がない限り、片付けをせず、そのまま置いておきます。

北欧では、子どもたちの遊びは大人で言う「仕事」と同じという考え。だから、先生たちもきちんと尊重しているんです。幼稚園の園長先生が話をしてくれました。

「こうしてほしい、ああしてほしい、こういう子になってほしいと、
大人は子どもたちに言うけれど、
それは私たちのエゴだということをきちんと認識しないと」

大人と同様に子どもたちも尊重するという考えは、靴置き場からもうかがえます。

北欧の幼稚園では、お散歩でしょっちゅう山の中に出かけるので、靴置き場には必ず長靴をみんな置いています。

一見すると少々乱雑ですが、これは、子どもたちが自分たちで片付けているから。

先生は、ここであえて直したりしません。

「大人の手を加えるということは、
子どもたちに『これではいけない』と言っているようなもの。
子どもたちは、それが自分のせいだと思って大人の顔色を無意識にうかがったり、

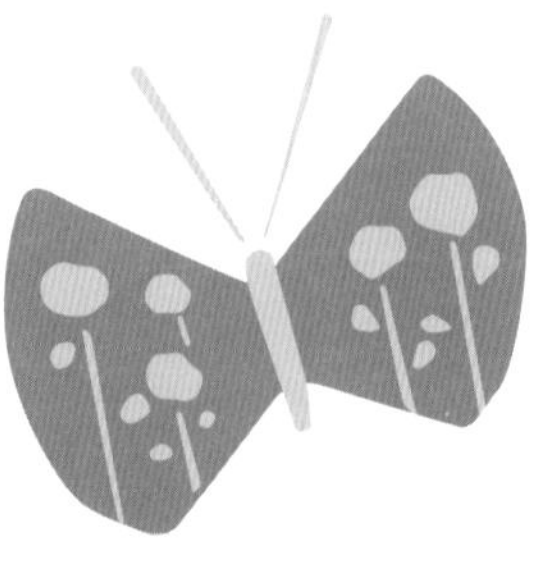

自分の意見に自信が持てなくなる。教育って、大人の手を加えることではないのよ」ついつい、直してしまいたくなっちゃいますが、**大切なことは、子どもたちのその日のベストを受け入れてあげること。そして、「それでいい」と背中を押してあげること。**

先生にそう言われて、「大人の仕事も、そうかもしれないなぁ」と思い当たるフシがたくさん、たくさんありました。

A子どもたちが遊んだおもちゃ　B少々乱雑な靴置き場

北欧の小さな幸せ習慣

12

無理せず、できることをする

一人ひとりが無理なく、できることを集めたら

「実はね、
足りないということはなくて、
たくさんのことができるんだよ。」

北欧の人たちは、無理してまで誰かを助けることがありません。自分ができることだけで十分なんです。だって、余計に何かをしようとすると、人に期待してしまって見返りを求めてしまうから。

それに大抵のことって、みんなができることだけでもすれば、解決できてしまうんです。

たとえば、どんなに子どもが可愛くても、一緒にいるのが疲れてしまった時。

北欧のパパママは**「なんか最近疲れるのよね…」**と、まず、他のパパママに言って**悩みをオープンにします。**

そうすると他のパパママは「何かできることはある?」となって、やってほしいことが子どもを預かることだったら、大丈夫なパパママが「あ、家で預かるよ」と、なるんです。

ここで**大切なのは、自分たちに預かる精神的な余裕があるかどうかで決める、ということ。**誰かを助けたいからといって、無理をするのは違うよね、というスタンスは徹底されています。

「ニーナ、ここではね、みんな本当に、できることだけをするんだ。」

もちろん、助けてあげたくても精神的に疲れてできないこともある。その時は、できなくて、それでいいんだよ」

確かに今、自分が本当に無理なくできることだけって考えたら、逆に何かやるハードルが下がるかも。

そんなことを思っていた矢先、シリアから戦火を逃れてスウェーデンにやって来た家族と出会いました。スウェーデン語はもちろん、英語もあまり話せない家族で、2人の子どもたちは小学校に通っています。

こんな時、スウェーデンの人たちは、みんなでできることが何なのかを話し合います。誰からともなく**「そうだ、私たちができることは何かな？」**と。もちろん政府が当面の生活の保障はしてくれますが、メンタル面でのケアまでは手が回りません。だから、みんなで連携するんです。

「私たちも難民としてスウェーデンに来たから、聞いてみるわ。何が必要かって。でも、さりげないサポートがいいと思うから、今度の日曜日の学校のバザーで聞いてみるのはどう？」

あるパパママの提案に、全員が「そうしよう！　賛成！」となり、必要なことをいろいろと聞いてくれました。

みんなで手分けしていろいろできることはしていく中で、私はヒジャブ（イスラム教の女性が頭を覆う布）を作ることにしました。仕事柄、ヒジャブにできる布を持っていたし、ミシンを使うのも日常だし「うん、そうしよう」と。

そこに、他のパパママ数人が**「ニーナ、手伝うよ！」**と言ってくれたので、何種類かヒジャブを作って渡せました。「ありがとう」と、泣いて喜んでくれたことを、私はずっと忘れないでしょう。

ひとりでできることは限られているかもしれません。そしてもちろん賛否両論あって、助けることが偽善だと思う方もいると思います。でも、たとえ小さなことでも、「もしできることがあるなら…」と私は思っています。

ヒジャブ。北欧の人たちは基本的に、手作りのものを贈ります。それは、気持ちを伝えることが大切だと考えているからです

北欧の小さな幸せ習慣

13

スケジュールには余白を作る

ニーナ、携帯電話も使ったら電池がなくなるから充電が必要でしょ?
人間だってそうだよ。ずっと使い続けることはできない。
だから、北欧では

休む時は休む。とことん休む。

これができると仕事の効率は上がるよ。
それにね、みんなのアイデアが、すごく新鮮になるんだよ。

北欧には**残業というものがありません。**一日8時間きっちり働いて、そして終わりです。残業をするということは、その時間内に終わらせられないということで、あまりよいこととはされていません。

子どもがいる家庭は、小学校低学年までは7時間労働とされています。

ただ、その勤務時間中は本当に集中して働きます。無駄な会話は一切なしという感じ。会議も15分か30分に設定されていて、会議のアジェンダ（課題項目）以外の話はまったくしないので、実に合理的な働き方をしています。

夏休みも、夏至のお祭りの後、たっぷり1か月間取るのが普通です。

夏が6週間と短い北欧では、夏至はクリスマスの次に大切な日とされていて、あちこちでお祭りがあります。この日に思いきり踊ってお祝いして、**8月の半ばまで有給休暇を取得します。**この間、みんなバケーションに出かけていて、都市部にはほとんど人がいなくなります。

日本だと、有給休暇中でもメールを見ていたりする人もいますが、**これは違反で、働いてしまうとなんと、会社からも政府からもアラートが上がります。有給休暇をきちんと取っていないのは、罰則の対象なのです。**

ずっと寝ないで働いている蜂なんていません。ずっと年中咲きっぱなしの花なんてありません。自然を見たら全部、そこに正解が書いてあります。ちょっと余裕があるスケジュールでいいんです。

それを実践しているからなのか、私の周りの**北欧の人たちは、ものすごく集中力があります。短時間で、こんなにできるの？　というくらいすごいんです。**

IKEA、H&M、LEGO などなど世界に名だたる企業がたくさんある北欧。このメリハリが、すごいアイデアを生んでいるのかもしれませんね。

フレッシュジュースのお店。メニューがきちんと書いてあってわかりやすいので、効率よくジュースが出せるように工夫されています

北欧の小さな幸せ習慣

14

経験をリスペクトして人を信用する

「信じてるから、任せた！」

北欧のパパママたちとよく話すのは、政治のことや趣味のこと、最近勉強した内容など、実にさまざま。オープンな社会なので、自閉症スペクトラムでディスレクシア（読字障害）なことも、今はデザイナーだけど私自身が元々幼稚園で働いていたことも、発達障害の勉強をしてイギリスの資格をふたつ持っていることも、普通にパパママたちと共有できます。

ちなみに、幼稚園で働きたいと思ったキッカケは、私自身が幼少期に親に虐待されて育ち、でも、ラッキーなことに、たくさんの人に助けていただいて乗り越えられたので、今度は私が「子どもたちを助けられたら嬉しいなぁ」って思っていたからなんです。

私はその実体験から、幼少期に親から愛情を注いでもらえなかった子どもが、それを乗り越えるのにどれだけ大変な思いをするのか知っています。でも、もちろん今は、その経験を活かせていると思っています。

そして本当にありがたいことに、学校の先生方もドクターも私を幼児教育の専門的な知識と経験がある人として扱ってくれて、時たま意見を求められることもあります。

実はこれ、人の経験値を大切にしている北欧では、普通のこと。学歴や肩書は関係ないんです。

大切なのは何を知っているかではなく「何を経験したのか？」な

ので、北欧のパパママは子どもに何か経験させることをとても大切にします。

そして、子どもたちに何かを経験させる時は**「信じてるから、任せた！」**って委ねるんです。**成功するとか失敗するとかではなく、経験できること自体に、ものすごい価値があると確信しているからこそ、小学校でも、基本的に先生たちは「生徒たちがやりたいことに寄り添う」というスタンスです。**

会社でも、人材育成の基本となるのは「その人を信じている」ということ。性格の差異や、パフォーマンスはもちろん、その人それぞれ。でも、絶対的に信じているんです。

もちろん問題がある人もいますが、そこについても徹底して話をしていきます。その時も、その人を責めるのではなく、その人に幸せになってもらうためにはどうしていくのがいいのかがベース。そして、**「人を育てていけるのは本当に素晴らしいこと」だという共通認識**があるのも特徴です。だから、基本、みんな伸び伸び仕事をしています。

夏にみんなでエストニアにキャンプに出かける予定の子どもたち

北欧の小さな幸せ習慣

15

無理しないで「悲しい」って言う

「盗られたのがモノでよかったよ。
ニーナが生きてるなら
それでいいよ！」

娘を連れてフィンランドに行った時のこと。ロシアで荷物が行方不明になり、どこに行ったのかもわからない追跡不能状態になりました（おかげさまで荷物は手元に届いたのですが、荷物の中身は盗られていて残念ながら、いろいろなくなっていました。おかげで、スーツケースが軽かったです）。

その日から仕事だったので、重い足を引きずって、でも暗い雰囲気は出さないように職場につくと、同僚がこんな言葉をかけてくれました。

「ニーナ、今日の仕事はオフィスワークじゃなくて日用品の買い出しだよ。
それと、娘さんと一緒にいてあげて。
あのさ、ロストバゲージは彼女のほうが傷ついてるよ。
大人だって、やっぱりショックじゃない？　子どもなら、なおさらだよ」

確かに娘も、友だちにあげるはずだったお土産がなくなっていて、**「なんで、大切なものなのに盗っちゃう人がいるの？」**と、しょんぼりしていました。

そんなわけで好意に甘えさせてもらうことに。こういう時、みんなのやさしさを改めて感じて、いつも寄り添ってくれることに感謝して、心がほっこり温かくなります。

悲しい時は、「悲しい」って言っていいんです。

「悲しい」って誰かに言われて、イヤな人って実はいないのかもしれません。

悲しいことがあった時は、誰かからやさしさが届く日。その出来事自体は悲しくても、人の温かさが伝わる、そんな日なんだと思います。

数年前、フィンランドの郵便局でも、悲しい気持ちの後に温かさが伝わる出来事がありました。

それは、フィンランド出張で大量に布を購入し、持ち帰れないので郵便局から日本に別途郵送した時のこと。その際、布のシワ取り用の小さなスプレー缶もその中に気がつかずに入れてしまっていたんです。

もちろん荷物は日本には届かず、フィンランドの郵便局にあると連絡が来ました。自業自得なのですが、ダメ元でどうしたらよいのか聞いたところ(悲しい気持ちがダダ漏れだったと思います)、好意で箱を開けてもらい、スプレー缶を取り除いて発送してくれたんです！　外国で、そこまで気を遣ってくれる国は珍しいです。

もう、届かないと諦めかけていたので、そのやさしさが本当に嬉しくて嬉しくて、次回行く際にお礼を言わせてほしいと言ったら…。

「無事に、受け取れたことが私たちの幸せです。むしろ、お役に立てて幸いです！お礼とか、必要ないですよ！　それよりも、フィンランドに来てくれて、布を買ってくれて、そして、使ってくれてありがとう」

しばらくしてから無事にお礼を言いに行くことができましたが、あの温かい気持ちはことあるごとに私の中でよみがえります。そして、この気持ちを誰かにも感じてもらいたい。そう思っています。

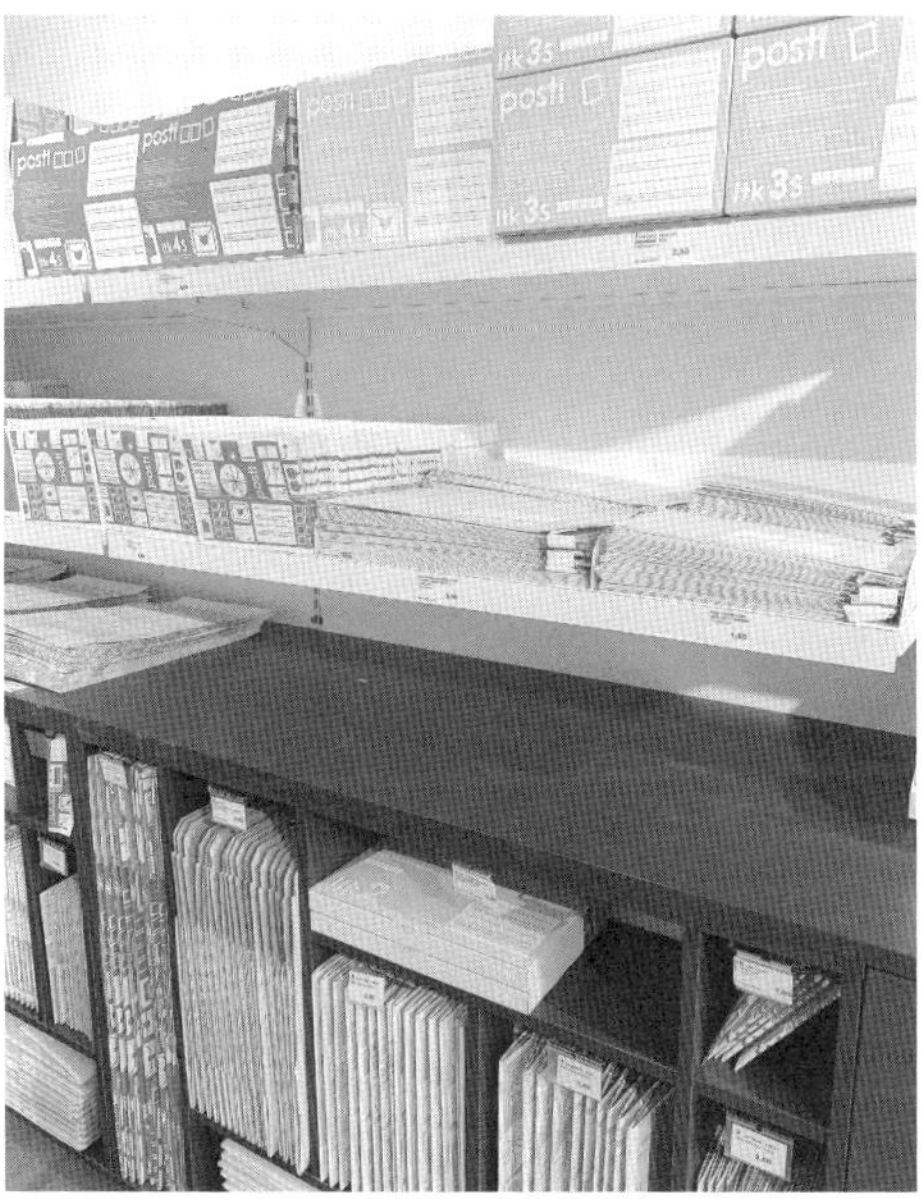

フィンランドの郵便局。こんな感じで、封筒や段ボール箱もデザインされていて可愛いのです。昔は、マリメッコ柄の箱とかもあったんですが、今はシンプルな感じになりました

chapter

03

毎日の小さな幸せ習慣

北欧の人たちが実際にやっている習慣は
シンプルで、すぐにできるものばかり。
深く考えすぎず、まずは始めてみませんか？

01
02

北欧の小さな幸せ習慣

1

朝、自分に「愛しているよ」と言う

「ねえニーナ、自分のことが好きじゃないのに、
どうやって人を好きになれるの？

自分は、自分でいい。
だから、自分を愛せる。
そうしたら、他人にも
「そのままでいい」って言えるよ。

自分のすべてを受け入れる。」

これまでも触れたように、北欧ではみんな、いろいろな形で愛を伝えてくれます。でも、どうしたらナチュラルにそうなれるのでしょう？

それは、心から自分を愛しているから。最近よく聞く言葉で言えば、自己肯定感が高いんです。自分のことが好きじゃなければ、誰かを好きになんてなれません。

北欧では、人生で一番大切なのは自分自身で、次にすべての子ども。街中で、無条件に愛を伝える光景は日常茶飯事です。

本当にびっくりするぐらい、いろいろな人が子どもたちに「こんにちは」とか「元気？」って普通にニコニコ笑いかけて話をしてくれるので、子どもたちも不安がなくなるのか、北欧でギャーギャーひっくり返って泣いている子を見ることはめったにありません。

先日もフィンランドのヘルシンキで、みんなが見ず知らずの子どもに「愛してるよ」と言う光景に遭遇しました。

このお話の主人公は、マーシャルちゃん。彼女は赤ちゃんの時にお父さんを、2歳の時にお母さんも亡くしているので、両親のことをほとんど覚えていません。今はおばあちゃんがマーシャルちゃんを育てているんです。

こういう場合もちろん、政府が親代わりになってくれる家族を探してくれて、マーシャルちゃんはいつでも、その家を訪れられます。精神面のケアも心理学の先生がついて、みんなで彼女を守ります。彼女はこの日、里親の家族とおばあちゃんと一緒に、近くのアスレチックジムに遊びに来ていました。

マーシャルちゃんは、うちの娘と意気投合し、仲良く遊んでいたのですが、寂しさが突然こみ上げてきたみたいで、「ママに会いたい…」と、泣き出してしまいました。

里親さんのパパママはすぐにマーシャルちゃんを抱きしめてこう言いました。

「そっか、寂しいよね…。
マーシャルを生んでくれたパパもママも、いつもマーシャルのこと見ているんだよ。
でもね、少しだけ遠いから会いに来るのは今は難しい。
だから、今は、このパパとママでもいいかなぁ?」

ふたりはマーシャルちゃんが泣き止むまで、ずっとずっと彼女を抱っこしていました。

それを見ていた周りの人たちも、みんなマーシャルちゃんに言葉をかけに来ます。

「愛してるよ」

みんな、本気で言うんです。

泣き止んだマーシャルちゃんは元気になって、再び娘と遊び始めました。

みんな、自分自身を愛しているからこそ、マーシャルちゃんにもナチュラルにやさしくできるんです。

じゃあ、どうやったら自分のことを好きになれるのでしょう?

実は、とっても簡単に自分を好きになれる方法があります。それは、朝起きて、自分自身に「大好き‼」だと言う。これだけです。

続けるうちに、「自分は世界にひとりしかいない存在だから、誰かと比べる必要がない」って、自然に思えてきます。そして、「誰かが自分を必要としてくれているから、今、生きている」とも。

そうなったら、心の底から本当に、自分に「大好き‼」って言えるようになります。

ふたりで写真を撮って遊ぶ娘とマーシャルちゃん

北欧の小さな幸せ習慣

2

「今日も1日頑張ったね」と寝る前に自分をほめる

「ねえニーナ、**正しいとか正しくないなんて、実はあまり重要じゃないんだよ。そうじゃなくて、その時の自分が頑張ったかどうか。**」

頑張ったんだから、それで100点満点だよ！

自分を好きになれる、もうひとつの方法。それは、夜、寝る前に「いろいろなことがあったけど、今日も自分はよくやった！」って、自分をほめてあげること。だって、その時、ベストだと思った選択をしたはずだから。

それが正しいか正しくないかなんて、誰にもわかりっこありません。もちろん、「こうすべきだった」ということがあれば、反省して次に活かすのはOK。**大切なのは、その時にベストを尽くしたかどうか**だと思うんです。

もしも子どもがいたら、その日の頑張りをほめてあげてほしい。そう思います。

先日、娘を連れてストックホルム市立図書館へ行った時のこと。

娘はディスレクシア（読字障害）なので、本を読むのが苦手。それでもここに来ると、頑張って本を読もうとするのです。

「ママ、ここ、きれいで静かでなんかホッとする。いいよね。だから好きなの」

その夜、娘をたくさんほめてあげたのは言うまでもありません。

誰も気づかないような、誰もほめてくれないような些細なことでもいいんです。それを認めて、ほめてあげることで、今日という日が幸せだったと思える。自分で自分をほめてあげる習慣、なかなかにおすすめです。

北欧の小さな幸せ習慣

3

毎週末には家の掃除を

ニーナ、家の中の様子は自分の心の状態の鏡なんだよ。

ほら、疲れてると
片付けたくなくなったりするじゃない？
だから、キレイにするのはね、
自分の心をキレイに保つことになって
心が豊かになることにつながっていくんだよ。
だから、みんな掃除するんだ。

北欧の人たちが週末、最優先してやること。それは家の掃除です。

北欧の人たちは「超」がつくほどキレイ好き。だから暇があればみんな、掃除をしてます。


次のページの写真はキッチンの一角。戸棚に何もないことに気づきませんか？

北欧の人たちは、モノをあまり増やしません。

本当に生活に必要なモノを必要な数だけ用意するんです。だから、コップもお皿も必要な分だけ。ちなみに調味料は大抵の場合、戸棚ではなくて引き出しにしまっています。

そして、週末に本当にピカピカになるまで、ありとあらゆる箇所を掃除するんです。


掃除することは北欧の人たちにとってはとても幸せなこと。

でも、初めは少し疑問でした。

「みんな、なんでそんなにたくさん掃除をするの？」

「ニーナ、家の中の様子は自分の心の状態の鏡なんだよ。

ほら、疲れてると片付けたくなくなったりするじゃない？

だから、キレイにするのはね、自分の心をキレイに保つことになって
心が豊かになることにつながっていくんだよ。だから、みんな掃除するんだ」

確かに、家が整理されると心も整う気がします。
私も洋服を断捨離した日なんかは、なんだかすっきり。**本当に必要なモノって、**
実はそんなにたくさんないのかもしれません。

本当に生活に必要なモノだけが厳選されて収納されているキッチン。北欧ではごくごく一般的な光景です

北欧の小さな幸せ習慣 4

自然とつながる時間を作る

ニーナ、だってさ、

僕たち、地球に生まれたから
自然のリズムと同じところに
いられるのが
一番幸せなんだよ。

北欧のおじいちゃん、おばあちゃんが孫に伝えるのは、**自分のお気に入りの自然の場所。そこに連れて行って孫たちに「自然の大切さ」「温かさ」、そして「人と自然が共存することの大切さ」**をナチュラルに教**えてくれます。**

スウェーデンに住んでいる娘のおばあちゃんも、その日、秘密のお散歩に娘を連れて行ってくれました。私は家でお留守番。

スウェーデンには、小学校で、森の木を観察する授業があります。みんなで森に出かけて、生徒一人ひとりがお気に入りの木を見つけて、週1回、その木をそれぞれ観察するんです。その後はみんなで森の中でランチして、学校に戻ります。みんな、この森の中の授業を楽しみにしていて、誰一人としてイヤだという子はいません。

どちらも、都会で育った私には最初「？」でしたが、今ならわかります。
北欧の人たちが自然を大切にするのは、**「大自然と共存することが幸せにつながるから」**だということ。
大自然で過ごす時間は、私たちの原点に返れる大切な大切な時間。

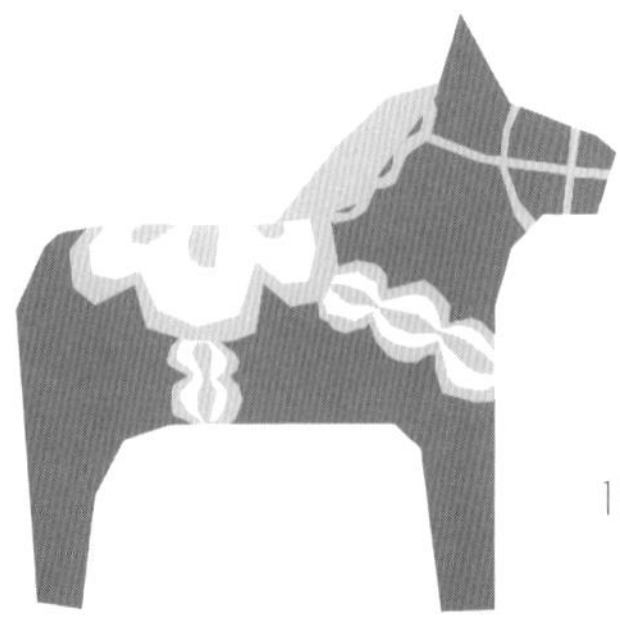

フィヨルドの波のない海辺で、鳥の声を聞いて話をして――ただそれだけでも、不思議なもので、**それがすごく幸せだと感じます。**気づけば、誰もが澄んだ笑みをたたえています。


お留守番中、頭の中をふとよぎったこと。

「いつか…娘がおばあちゃんになって、もし、孫たちがいたら、きっと同じことを伝えるんだろうな……**『これはおばあちゃんとの秘密だよ』**なんて言いながら」

その姿はまだまだ想像できないけれど、でも、きっと、この日のことはどこかで、覚えていてくれるといいなと思います。

世代を超えて伝えたいこと――それには、国境なんてないのかもしれません。

A

B

C

A白夜の日の光景
B私がかつて住んでいた町、ヘッレフォーシュ
Cおばあちゃんとお散歩

北欧の小さな幸せ習慣

5

空を見上げて水の音に耳を澄ます

ニーナ、近くの湖や川に行って、水の音を聞いてみて？きっと、あなたのリズムを取り戻す助けになってくれるはず。

できない時は、空を見上げてみて？
たくさんの色のコントラストが、あなたに安心を与えてくれるから。

ブルーベリーやラズベリーなどのベリー系の果物が豊富に採れる、北欧の夏。その季節の幸せは、グラスに水を入れ、採れたベリーを少しだけ加えて飲むことです。

ちなみに、水は近くの湖の水。スウェーデンの湖はキレイなのでそのまま飲めます。

この、シンプルな組み合わせ。一見、何でもないような感じですが、済んだ空の下で口にすると、**「水も果物も本当に生きている」ということを感じられるから不思議です。**

そしてこの水を飲みながら、最近「幸せだな」と思った出来事を、みんなで語り合ったりします。

本当の幸せってお金で買えるものではないということが水や果物からも伝わってくるというのは、本当に素晴らしいことだよなぁと思っています。

当たり前のことですが、私たちは水と空気がなければ生きていけません。湖や川に行って水の音を聞くと、本来のリズムに戻りやすくなって、自分を大切にできるように感じます。

たくさんの色のコントラストをくれる空も、見ているとなんだかホッとします。

スウェーデンの首都ストックホルムから電車で3時間の場所にあるヘッレフォーシュという街に私は昔、住んでいました。

目の前に広がる雄大な自然。街には500個以上の湖があって、全部その水が飲めるほど湖はどこまでも透き通っていました。

「すごい…!!」

あまりにも広大な自然を目の当たりにしてショックを受けたのを覚えています。

この街を訪れる日本人は、私が初めてだと聞きました。逆に私にとってはスウェーデンの文化を本当に知ることができた場所。そしてスウェーデン語をきちんと勉強しようと決心できた場所。家族のように私に接してくれた街の人たちとは、今でも交流があります。美しい水と空とともに暮らしている彼らは、いつもやさしい眼差しをたたえています。

先日、久しぶりに娘を連れてこの地に足を運びました。

娘は、きっといつかたくさんのスウェーデンの人たちが、自分の誕生を祝福してくれたことを知ると思います。

もちろん、生まれた時のことは彼女の記憶にはないけれど、**でも、どんな場所で生きていようとも何をしていたとしても、ここの人たちのやさしさを私は忘れてほしくはないのです。**

また、近いうちに会えることを祈って街を後にした時、私も娘もリフレッシュして清々しい気持ちだったことは、言うまでもありません。

A水にベリーを入れて飲むのが幸せの秘訣
B広大な湖のうちのひとつ。この水ももちろん飲めます
C娘とヘッレフォーシュ

北欧の小さな幸せ習慣

6

イヤなことがあった時こそ、自然の中を散歩する

「ニーナ、私たちが自然を生み出したのではなくて、

地球が私たちを生み出したんだよ。

だから、この星から生まれたものに触れるのは、
本当に幸せなんだと確認する行為でもあるんだよ。
自然の中にいるとリセットされるのはそういうことだと思うよ。」

首都でも自然が豊かな北欧の人たちは、よく散歩に出かけます。散歩に出かけて**波の音に耳を傾けて、鳥の声を聞いて、そして木々の匂いを感じる**――これが北欧での幸せ。

疲れたり、イヤなことがあった時も散歩に出かけてリセットします。

たとえイヤなことがあっても、自然の中で過ごせば心のリズムが整います。イヤなことがあった時って、イライラしているから本来のリズムとは違って気持ちも下がってしまいがち。ですが自然の中で過ごしてみると、イヤな感情はス～ッと和らいでいくのがわかります。だから私も、気がすむまで公園を散歩します。それだけでいいんです。

冬、フィンランドのヘルシンキは中心地にある海も一面氷に覆われて、その上に雪が積もります。

そして3月上旬ごろから最高気温が0℃を超える日が出てきて、それから3週間後、雪が溶けて、流氷の海が顔を出します。それから1か月半もすれば、海が完全に姿を現します。氷も厚いし、積雪量も多いのに、あっという間に変わる北欧の春の訪れ。

雪が溶け出すと、日に日に海の音が聞こえてきます。毎日、違うことが本当にわかるん

です。目で見ても、耳で聞いても、肌の感覚でも、匂いでも雪に触れても五感で違いが感じられるんです。

静かに、でも確実に春になる日々――この瞬間は本当に幸せを感じます。

A冬の海。凍った上に雪が降って海の上を歩けるようになります
B同じ場所での春の景色。1か月でこれだけ変わります
C娘と散歩した時の一枚

北欧の小さな幸せ習慣

7

地球の環境について考えてみる

私があなたのために
できることは何かな？

ノルウェーの環境政策は先進国はもちろん、北欧諸国の中でも一番進んでいます。

石油大国と言われているノルウェーですが、実は国内のほとんどの電力は水力発電で賄っているのです。その水力発電ダムの建設も、生態系への悪影響を避けるため、天然の地形や自然の湖を利用するなど、必ず自然と調和して建設されています。

だから、子どもからお年寄りまで、自然を守るのは当たり前のこと。環境問題も、誰かのせいじゃなくて自分たちで解決すべき自分ごとになっているんです。


数年前まで一般的だった洗濯乾燥機が、ここ数年で使われなくなったのも、地球環境によくないとわかったから（乾燥機にかけると生地が傷むという理由もありますが…）。今では、ほとんどの家庭で室内干しが一般的になっています。

『What can I do for you?』私があなたのためにできることは何かな？

ノルウェーでは、いろいろな人がそう言って助けてくれます。


あの日、笑顔で道を案内してくれた人。

あの時、バスの中で、お釣り忘れてるよって、私の席まで持って来てくれた運転手さん。

仕事で悩んでいた時に、そっと手を差し伸べて助けてくれた同僚。


地球にやさしい人が、誰かにやさしいのは当たり前だったんだなぁ。そう思います。

私の人生に素敵な贈り物をくれたノルウェーの人たち。

その贈り物を私も誰かに伝えたい、届けたい。そう思っています。

室内干しはこんな感じです。だいたいみんな、ベッドルームに干しています（もちろん、部屋の大きさにもよりますが）

北欧の小さな幸せ習慣

8

キャンドルの炎を見つめる

「ねえニーナ、家の中で、電気を消して
キャンドルだけをつけてごらん？
キャンドルの炎は、自然と同じ火の形。
ただ見つめているだけでも
癒やされるんだ。」

誰かの家でホームパーティーをするという時、北欧の人たちは、ドリンクのグラスを一人一つしか使いません。

たとえば、赤ワインを白ワインに入れ替える時も同じグラスをゆすいで使います。ビールグラスを使っていてもワインを後から飲みたい時は、そのグラスをゆすいで使います。

富裕層の人たちでもそうするので最初は不思議でした。

「水がもったいないからなの？」

そう友人のオスカルに聞いたら、こんな答えが返ってきました。

「うん、もちろん。僕たちは水の無駄遣いをしたくないんだ。

だって、グラスを変えたらその分、洗わなきゃいけないグラスが増える。

水がもったいないでしょ？　資源はね、限られているんだよ。

だから、Save the water!（水の節約！）」

私たちの世代でも北欧の人たちは、資源を使う分だけ使うということが、もう、根付いています。だから、ふとした瞬間に**「Save the energy!（エネルギーの節約！）」**と言って、夜に電気を消してキャンドルに変えることもあります。

家の中で、電気を消してキャンドルだけつける。ただ見つめているだけでも癒やされるから不思議です。

私も見習って、週末には電気を消して娘とゆっくりした時間を過ごすようにしています。

北欧の小さな幸せ習慣

9

身近な場所で植物と共存する

「ねえニーナ、自然のものと一緒にいると、自分も自然に近づける。そうすると、本当の自分と向き合いやすくなるんだよ。」

年に数回、スウェーデンで暮らす娘のおばあちゃんに会いに出かけます。行けばいつも数日泊まらせてもらい帰って来るのですが、スウェーデンで看護師をしていて今でも夜勤をこなし、バリバリ働くおばあちゃん。元々、ドイツの人なので、娘はおばあちゃんのことを**オンマ（Oma）**（ドイツ語でおばあちゃんの意）と、呼んでいます。


ある夏、会いに行った時のこと。

健康に悪いからと、**なんと20kgもダイエットに成功していました。**

「ね、ママ、オンマ、痩せてキレイになってるから花束をプレゼントしたいの！」

娘がそう言ったので、花束をナイショで買いに行ってプレゼントしました。

スウェーデンの人たちは、お花をよくプレゼントします。

花束というよりは、育てられるプランターをプレゼントすることが多いんです。それは、その人を思う気持ちを託して育ててもらえるからなんですが、私はこのマインドがとてもとても好きです。


北欧では、アパートやマンションにも、草木を育てる共有スペースがあります。何を植

えるのか、育てるのかは、住んでいる人たちで考えます。野菜を育てているところも多いです。

そして、たとえばキイチゴを育てていたとしたら、それは誰が食べてもオッケー。**「自然の恵みはみんなが平等に受け取る権利がある」**という考え方と、必ず自分が食べる分だけ食べるので、争いごとに発展することもありません。

面白いのは、これが隣のおうちの庭でも同じだということ。自然を破壊したり所有者を煩わせたりしなければ、そこにある野生の果実やキノコを採っても大丈夫。立ち入っても、ピクニックを楽しんでもいいんです。

要するに、「大自然は誰のものでもない」というのが、北欧の人たちの共通認識。法律でもそう定められています。そして、自分たちも大自然の一部。

そう考えて自然との共存を意識すれば、やさしく、温かくなれる――そう思っています。

A娘のスウェーデンのおばあちゃん　Bおばあちゃんの家のプランターたち　Cマンションの共有スペースに植えられたキイチゴ

北欧の小さな幸せ習慣

10

食べものを大切に

ニーナ、食べられるだけでも幸せなんだよ。
私たちは、自然からたくさん、食べものをもらっていると思うよ。

北欧では幼稚園でも小学校でも、ほぼ毎日みんなで散歩に出かけています。**その時その瞬間の自然を体感するということが、北欧ではすごく重要なんです。**

だから、散歩の途中で子どもたちは、果物をよく拾って持って帰ってきます。家に持って帰ってきた果物は、「その後どうしたのか？」を、後日学校で話します。

食べた後は、生ゴミ専用のゴミ箱に入れて堆肥《たいひ》として再利用します。ゴミ捨ては子ども自身がやります。**最後まできちんと片付けることが北欧での食育**なんです。

食べることだけではなくて、その食べものがどこからやってきて、それからどうなるのかを学んでいる子どもたちは、食べものをムダにしませんし、食べ残したりもしません（もちろん、大人もですが）。

ある日、娘が学校から持ち帰ってきた青リンゴとプラムをジャムにして、近所の子どもたちと一緒にパンに塗って休日のランチで食べました。

驚いたのは、食べ終わった後、子どもたちが**「リンゴの木にお礼を言おうよ！」**

と言って出かけて行ったこと。

「ありがとう、おいしかったよ」と、拾ったリンゴの木にお礼を言ってきたそうです。

食べられることが当たり前になっている現代でも、そのありがたさを感じているかどうかって、幸せの感度に影響すると思うんです。


もうひとつ紹介したいのは、**北欧では、おやつを家から持参するのが普通**だということ。

娘も、北欧滞在の時はいつもチャックつきの保存袋におやつを入れて、水筒を持ってお出かけします。おやつはだいたいポテトチップスかリンゴ、バナナ、茹でたニンジン。残ったおやつは各々で持ち帰って傷まないうちに全部食べ切るのが北欧スタイル。

ちなみに北欧では、おやつは「おなかがすいた時に、それを満たす栄養価のあるもの」という位置づけ。だから、大人も食べます。実際、どのオフィスにも必ずおやつが置いてあって、リンゴかバナナ、時々オレンジだったりします。


当たり前の幸せは、当たり前じゃない。本当は一瞬、一秒が奇跡のもとに成り立っているということを日々、感じています。

北欧の小さな幸せ習慣

11

オーガニックなものを食べる

「ニーナ、当たり前だよ。
みんなこの地球に生きているんだから、
できることをしないと。
みんなで守らないといけないよ。
どんなにそれが小さくてもね。」

カフェもスーパーもレストランも、**ありとあらゆる〝食〟に関係する場所がここ何年かであっという間にビーガンだらけになった北欧。マックもスタバもグルテンフリーやビーガンメニューを取り扱っています。**

クオリティもすごく高くて、ビーガンとは思えないほど、美味しいものばかり。「こんなに美味しいんだったらビーガンがいい！」って普通に思えます。

「ビーガン＝完全菜食主義者」なので食材だけでなく、調味料もすべて植物性のものを使用し、動物性のものを一切使わないのですが、その理由は健康上、宗教上、道徳上の理由、または〝流行っているから〟というファッション的感覚という人も多いかなと思います。でも、**北欧の人たちがビーガンなのは、地球環境を守るため**なんです。

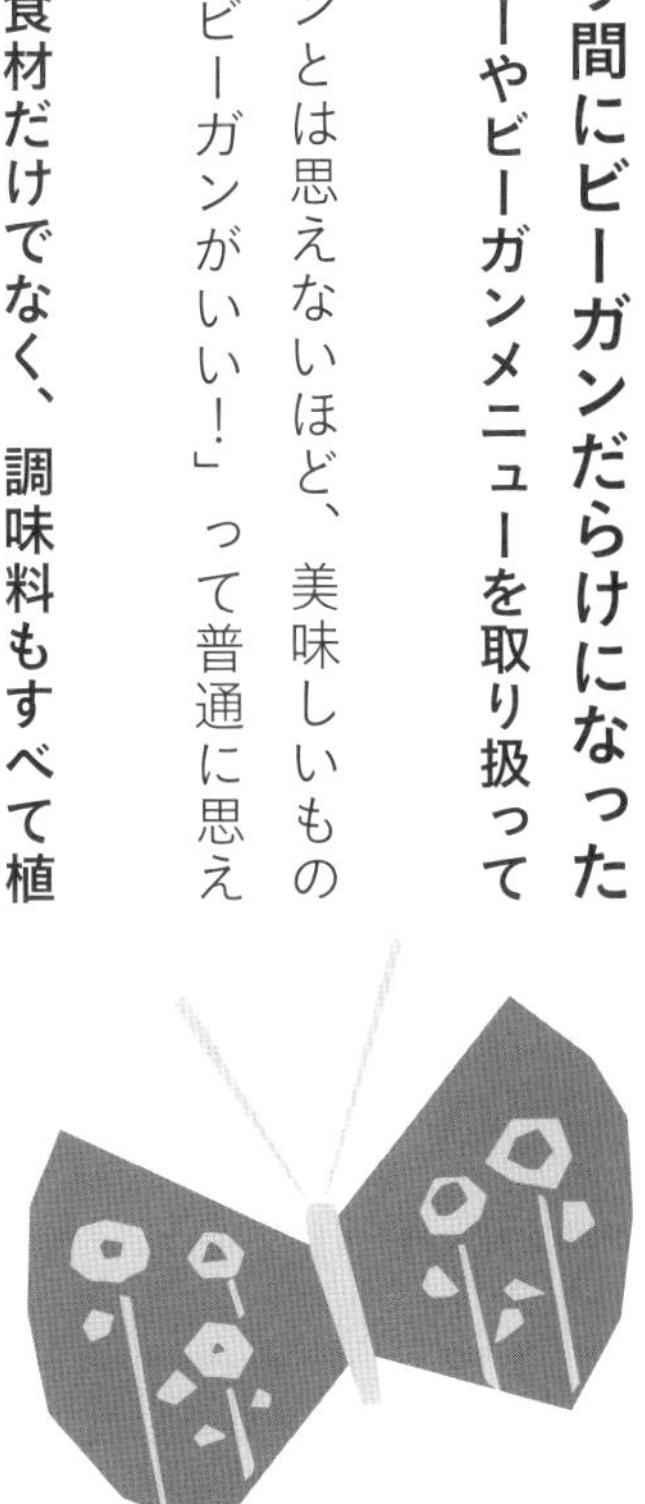

毎日ずっとビーガンライフを送っているわけではないのですが、ビーガン生活を送る日は年々増えています。

だから、パパママたちとも普通にビーガンの話をするし、子どもたちもビーガンの大切さを認識しています。１００％ビーガンの子ども用お菓子も増えています。

以前、私は頼まれてスウェーデンの小学2年生のクラスで日本の文化の授業をさせていただきました。授業が終わって、みんなと給食を一緒に食べていた時のこと。

「みんな、えらいよね。ビーガンの生活を普通にしてて」

「えっ？　えらいの？　なんで？

地球環境を守るのって当たり前のことでしょ？

だって僕たちは、月じゃなくて、この星に住んでいるんだよ。

守れないってことは、家の中はお片付けできるのに

地球はキレイにできないってことでしょ？

それ、おかしいよ。それにね、僕たちがやらなかったら誰がやるの？」

北欧のCOOPでは、Dear meatというキャンペーンが約3年前から始まりました。**これは〝みんな肉を食べる機会を減らして野菜を食べましょう〟というもの。もちろん、地球環境を守るために。**

私もこのキャンペーンが始まる3年前までは、ぼやっと知らずにいたのですが、家畜の生産に必要な水の量は、なんと1個のハンバーガーに対して、2500リットル。**ハンバーガーを1個食べるのは、2か月間シャワーを浴び続けるのと同じことなんです。牛肉500グラムの生産に水が1万リットル必要**なんです。そして、アマゾンの熱帯雨林が消減した原因の91％は畜産が原因とわかっています。家畜を放牧させて餌となる遺伝子組み換えの大豆を育てるために、森林を伐採しているからです。

このキャンペーンはＣＭも流されているのですが、このようなメッセージで締めくくられています。

Let's help each other eat less meat.
野菜だけで生活することはできるのです。
もし、私たちが一緒に助け合えれば。
わかってくれると嬉しいです。

一緒に助け合うこと。一緒に立ち上がること。地球の環境を守るために、みんなで動く北欧。私たちも彼らから学ばなければならないことがたくさんある気がします。

A&B北欧の子どもたちが大好きなビーガンのチョコレートココナッツケーキ　Cビーガンアイス

北欧の小さな幸せ習慣

12

今、この瞬間、本当に食べたいものを食べる

「だって、きちんと栄養を摂ったら
変にイライラしたり
疲れたりしないし、
このほうがコンディションが
いいんだもん。」

北欧は冬が長くて寒いのと、冬の間は日中ほとんど陽が当たらないので想像以上に体力を消耗します。

私もいつも北欧で冬を過ごす時はかなりお腹がすくので、日本にいる時よりも、びっくりするぐらいたくさんの量を食べるのに全然太らないので、体力をすごい消耗してるんだなって思ってます。

そんな背景もあって、北欧では栄養をきちんと摂ることが、他の国よりも大切なことになっています。だから**みんな、「時間がないから、ランチは適当でいいや」とはならず、本当に食べたいものを食べるのが普通**です。今日のお昼を何にしたいのか、自分に聞いてみるんです。

大人たちがそうなのもあって、子どもも食べる前に栄養価をきちんと聞く子が多いです。「今日はビーガンメニューが食べたい」と言うこともあります。

北欧では、子どもたちがビーガンと決めたら、それに大人も合わせます。

それは、娘の友人とそのパパママを招いてうちで夕飯を食べた時のことでした。

食事をしながら、6歳のムーアちゃんがこう言いました。

「ね、今日は、きちんとタンパク質は大豆で、脂質や炭水化物はポテトで、ビタミン類は野菜で摂れたからオッケーかな？」

「そうだねぇ、ムーア、今日はオッケーだね」

「よし、地球さんにもオッケーだね！　ならいい。デザートはビーガンアイスが食べたい！」

大人たちは子どもたちに強制してビーガンにしているわけではありません。不思議に思って、どうしてビーガンメニューを食べたいのか聞くと、「コンディションがよくなるから」とのこと。

「あぁ、本当に食べたい」ってこういうことだよなぁ、と感心してしまいました。

ちなみに、アイスクリームは北欧の人たちの大好物。寒い国なので最初は「？」でしたが、日本のアイスよりも脂肪分が多くて濃厚なので、むしろ寒い時に食べて体温を上げているようです。グルテンフリーやビーガンのアイスも、普通にスーパーに売っています。先に触れたファストフード店の他、普通のレストランでもグルテンフリーやベジタリアンのメニューがあるので、アレルギーがあっても大丈夫。食べたいものが食べられます。

日本だと、子ども連れには敷居が高いレストランも、北欧はお子様ウェルカム。お子様お断りのレストランは一軒もありません。もちろん子どももきちんと、ひとりの客として扱ってくれます。

このように、北欧では社会全体が「本当に食べたいものを食べる」環境が整っています。

そういうこともあって、人々は「なぜ食べたいのか」まで考えて食事をしています。

日本ではなかなか同じようにはいかないかもしれません。けれども、限られた範囲でも、気をつけることはできます。

私が北欧で見つけた小さな幸せ習慣、できることから実践していただけると、嬉しく思います。

Aパスタはバターと塩のみ。メニューにはないですが、こんなふうに子ども用に用意してくれます。量も調整可能です
B手前は、小麦アレルギーの私に用意してくれたもの。奥が娘に用意してくれたもの
Cキッズメニューは、ごくごく普通のレストランでもこんな感じです

おわりに

この本を手に取っていただいて、本当にありがとうございます。
私は幼いころからずっと、幸せは頑張って、努力して得られるものだと思っていました。そうでないと幸せになんかなれないと思っていたのです。

だから、北欧に住み始めたころは、北欧の人たちの幸せの価値観を理解することができませんでした。高い税金を納めなければいけない北欧に住むということは、生活で不自由することがいっぱいあるのではないかと、どこかでそう思い込んでいました。

でも、住んでみたら、教育費も、医療費もほとんど無料。子どもを育てることにも、もちろんお金はほとんどかかりません。そして、税金の使い道も1円単位ですべて国が明らかにするので、自分が納めた税金にも納得がいくのです。仕事も残業はないし、お互いが無理をしない人間関係。私が体験した北欧の福祉国家は、実に合理的でシンプルな社会でした。

その中でわかったことは、ありのままの自分でいることを〝許す〟ことでした。
そして、日々の生活がどれだけの奇跡で成り立っているのかに気づき、感謝すること。それが生きることそのものだということでした。

今、私たちは地球全体で変革期の中にいます。
この先の時代は、もう、誰かと競争したり、闘う時代ではありません。みんな一人ひとりがそれぞれの舞台で各々の力を発揮するから、誰が偉いとか、何かができることがスゴイとか、そういう優劣をつけることも、もうないのです。一人ひとりが存在していて、それが素晴らしいということを分かち合う時代へ確実にシフトしていると思います。

だからこそ、本当の自分を、全部そのままでいいと思えることが、今まで以上に重要になってきます。

自信とは、自分自身を信じられること。
自分を好きだから、自身を信じられるようになるのです。
大丈夫、絶対できるんです！
私でさえもできたのですから。

私にとって、この本を書く時間がHYGGE《ヒュッゲ》だったように、この本が、少しでも皆様のHYGGE《ヒュッゲ》な時間になったら嬉しいなぁと思っています。

最後に、この本の出版にあたり、たくさんの方にご尽力いただいたことを心から感謝しています。
本当にありがとうございました！

Tack så mycket, Mange tak, Tusen takk, Takk fyrir & Kiitos paljon,

Nina

北欧ライフスタイリスト

Nina（ニーナ）

外資系広告代理店 TBWA ワールドワイドグループ Designory エグゼクティブクリエイティブディレクター
英国 Eating Psychology Coach、 マインドフルネス セラピスト

幼稚園教員を経てデザイナーへ。

アメリカ、スウェーデン、スペイン、フィンランドに計7年間在住。各国で現地の広告代理店、デザイン会社でアートディレクターとして勤務後、現在は日本を拠点に世界各国を行き来する生活をしている。

北欧に住んでいた時、個々が幸せであることがすべてのことを幸せに変えていくことを実感。「もっといろいろな人にこの価値観を伝えてみんなが幸せになってほしい」と思い、マインドフルネスの勉強を開始。マサチューセッツ州立大学メディカルスクールで学び、イギリスでマインドフルネスの免状を取得。その後、“食べる”ことを心理学的観点からアプローチして体型をコントロールし健康を維持する Eating Psychology Coach の免状もイギリスで取得。

ひとつの物事に捉われず、多角的な分野で提唱するクリエイティブの力でみんなを幸せにしたいと考えている。

また、父方の祖母、曽祖父が書道家という家系に生まれたため、6歳より書道を始め、23歳で書道師範取得。書道家でもある。

喋れる言語は日本語、英語、スウェーデン語、中国語。

BLOG：FIKA？（フィーカ?）
https://ameblo.jp/ninaofficial/

STAFF

デザイン	別府 拓(Q.design)
DTP	森田千秋(G.B. Design House)
マネジメント	名和裕寿
校正	大木孝之

HYGGE《ヒュッゲ》な子どもたち
自分を大切にする 北欧の小さな幸せ習慣

初版発行 2020年8月29日

著者 Nina

発行人 坂尾昌昭
編集人 山田容子
発行所 株式会社G.B.
〒102-0072 東京都千代田区飯田橋4-1-5
電話 03-3221-8013（営業・編集）
FAX 03-3221-8814（ご注文）
https://www.gbnet.co.jp

印刷所 株式会社シナノパブリッシングプレス

ISBN 978-4-906993-91-8